高校受験は内申点アップが9割

内申点といっしょにテストの成績も上がる

自律ノート®の秘密

“内申点アップ請負人”後成塾 塾長
桂野智也

青春出版社

プロローグ

知ってて知らない「内申点を上げる方法」

——親世代とはこんなに違う！ 高校受験の新常識

「高校入試の合否は〝内申点〟で決まります」

私がそう断言すると、

「知ってますよ〜。内申を上げるために、うちは学級委員に立候補しました」

「そうそう。部活の部長とかやると、内申に有利なんですよね？」

「検定や資格を持っているといいんでしょ？」

「うちの子は授業中に手を挙げて積極的に発言するのが苦手だから、内申点が心配……」

「宿題や提出物をよく忘れるから内申点が低くって……」

……そんな声が上がります。みなさん、まわりが「内申点が大事」と言うから気にはなるけれども、その評価方法や内申点の上げ方については、「知ってるつもりで、実はよくわかっていない」という方がほとんどなのです。

ここで、親世代が知らない「内申点の誤解」を6つほど紹介しましょう。

※その前に、高校受験でよく言われる「内申点」「内申書」という言葉を定義しておきます。

●内申点（正式には「評定合計」）……通知表の5段階評定の数値を、9科目合計したもの。

●内申書（正式には「調査書」）……内申点（評定合計）を含め、行動の記録や生徒会活動などの評価がすべて記入されている、高校側に行く書類。

一般に、公立高校受験では、学力検査と内申書の評価を合わせて合否を判定します。後述するように、推薦入試や私立高校入試でも、内申点の最低基準が設定されている学校が少なくありません。

誤解1 内申点アップのためには定期テストの点数を上げるのが一番

テストの点数通りにはつかない。ちょっとしたコツで内申点は上げられる

「内申点を上げるいちばんの方法は定期テストで良い点をとることだと思っていました」

お母さん、お父さんからいちばんよく聞く声です。

実際、多くの塾では定期テスト対策に力を入れ、定期テストの点数アップを謳《うた》っているところもあります。

子どもの学校での様子がわからない一方で、テストの点数は親が目にしやすいものです。それだけにどうしてもテストの点数にばかり目が行きがちです。

でも、考えてみてください。高校受験では、当日の入試の点数と内申点で合否が決まります（その割合は都道府県や高校によって違います）。そんな大事なものをないがしろにしていいのですか？

もちろん、内申点アップに定期テストの点数は大事です。ところが実際には、内申点は、定期テストの点数に比例するようにつくわけではありません。だからこそ、

「定期テストの点数がいいのに、なんで内申点がこれしかないの？」

「なんであの子のほうがテストの点数が低いのに、内申点が上なの？」

ということが起こるのです。

これは「内申点のつけ方」を誤解しているから起こることです。詳しくは第1章でお話ししますが、論より証拠で塾生の内申点がアップした例を紹介しましょう。

テストは学年トップクラスなのに内申点が上がらないA君

定期テストの点数は学年でトップクラスなのに、「内申点がどうしてもオール4前後を行ったり来たりで上がらない、アドバイスをください」と遠くから相談に来てくれた中2のA君。

通知表や学校への提出物を見てみると、明らかに副教科の手を抜いていることがわかりました。副教科とは、「音楽」「美術」「保健体育」「技術・家庭」の4教科のことをいいます。

成績のいい子にありがちなのですが、主要5教科にのみ力を入れ、どうしても副教科を軽く見てしまうのです。

A君の場合、技術・家庭のレポートが適当に書かれていて、字も雑でした。

「これは厳しいよ。こういうことをちゃんと手を抜かないでやらないと、内申は上がらないよ。〝内申は先生の心がつけている〟んだから。技術の先生が喜ぶようなレポートを書いてみようよ」

こんなふうにアドバイスをしたところ、技術家庭が3→4になり、内申の評価観点の「関心・意欲・態度」（2021年4月から新学習指導要領がスタートし、「主体的に学習に取り組む態度」に変更）は全部Aに。結果、トータルで内申は39（9教科オール5で45点満点）まで上がり、テストでは学年2位になりました。

副教科は盲点です。頭のいい子ほど副教科をなめているところがあり、手を抜きがちです。

体育や音楽、美術はどうしても、もともとの能力やセンスに差があります。だからといって能力が高い子が必ずしも5をとれるわけではなく、また能力のない子は1か2しかとれないというわけでもありません。

「能力やセンスはないけれども、一生懸命取り組む姿」「もっとよくなりたいと努力する姿」「知識を得たいと学ぼうとする姿」が内申点という数字として表れてきます。

勉強だけなら塾でもできるわけです。義務教育の「中学校」で評価しているのは、テストの点数だけではありません。

勉強を通じて何を学んでいるのか。先生の観察によって得られる「人間性」が評価されていたのです。

内申点が上がったらテストの成績も上がったB君

不思議なことに**内申点が上がるとテストの成績も上がります**。普通、テストの成績が上がるから内申点が上がると思いますよね。その逆もあるのです。

中2での入塾当初、内申が21、主要教科でも2がいっぱいあったB君は、なんと今、国立大学に通っています。

入塾前は毎日勉強をしていないどころか、家ではゲームをしているか寝ているかという状態。もちろん決められた提出物も出していませんでした。英語の内申点が「1」になり、お父さんに連れてこられたときは正直、私もどうしようかと思ったものです。

ところが、いざ教えてみると、飲み込みも悪くない。これは、サボっていただけだなと判断した私は、毎日机に向かって、どういう勉強をすればいいのか、勉強するとどんないいことがあるのかを彼に教えました。

勉強をすることで、家で思う存分ゲームができること、親に「勉強しろ」「宿題やったの？」と叱られることがなくなること、提出物が余裕を持って出せること。つまり、毎日机に向かっていたほうが、結果として時間が生まれるんだよ、ということを伝えたのです。

B君の場合、私が考案した内申点アップのための最強ツール「自律ノート®」を使って、毎日やらないことを毎日やるように変えただけ。**習慣を変えただけです。**

何も技術的な指導はせず、提出物を計画性をもってやることや、どういう段取りで勉強を進めるかを考えるきっかけをつくったら、1学期間で内申21→28、定期テスト196点→369点と、爆発的にアップしました。

内申点の上げ方は中学と高校では違います。高校は、テストの点さえよければ内申点も上がります。

一方、中学で内申点を上げる方法は、定期テストだけではありません。それなのに、テストという一側面だけ切り取って、上がるとか上がらないとかの勝負をしすぎなのです。それって一発勝負の賭けに近い、とても危険な方法だと思いませんか。

たしかに内申点が4か5ばかりの子なら、定期テストの結果は内申点に直結してきます。ただ、3なのか4なのかのギリギリのラインで戦っているような子には、やれることはまだまだあります。まして1や2が多い子は、内申点アップの可能性はたくさんあるのです。

また、親が中学生だった昔と今では評価方法も違います。**親は結果（テストの点数）を見ますが、内申点は結果ではなく、プロセス（提出物、小テスト、授業態度など日々の頑張り）が大事なのです。**

誤解2 授業中に手を挙げて積極性をアピールしないとダメ

挙手の回数だけで決まらない。手を挙げられない子には、この手！


「うちの子、積極的じゃないから、やる気がないように見られて損なんです」

という声もよく聞きます。

授業中に手を挙げるというのは、おとなしい子や引っ込み思案の子にとっては、とてもハードルが高いことです。そのようなお子さんに対して、「もっと手を挙げなさい！」と口で言うのは簡単ですが、言うのもかわいそうになるくらいです。

どうしたら手を挙げられるようになるのでしょうか。

これには長期的な方法と短期的な方法があります。

長期的な方法は第1章で解説しますが、短期的な方法は、「生活ノート」を使うこと。自信をつけさせるために、学校で毎日担任の先生に提出する「生活ノート（生徒が書く生活日誌のようなもの。学校によって名称は違います）」に、「手を挙げる」ということを文章にさせてあげるのです。

授業で挙手をするということは、それ自体が先生とのコミュニケーションです。でも、それがその場ですぐできないなら、まずは文字でのコミュニケーションをとる。

たとえば、「私はなかなか授業で手を挙げられないけれど、社会が得意なので、社会の時間に手を挙げてみようと思います」。これを読んだ先生は、きっと涙がちょちょ切れることでしょう（笑）。

担任の先生の担当科目が社会ではなくても大丈夫です。こういう話は職員室で共有されることが多く、担任の先生が社会の先生に、「こんなふうに書いていますよ」と言ったりします。すると、社会の先生が次の授業で、その子が答えやすいような質問を工夫してくれるのです。そのうえで挙手ができれば、内申も上がりやすくなります。職員室全体が、その子を応援するムードになるからです。社会の先生が「生活ノート」にアドバイスを書いてくれることもあるかもしれません。

積極性が足りないお子さんほど、「生活ノート」を活用してください。

例にあったように、「○○してみようと思います」という書き方をすると、先生は（よほどひねくれている先生でない限り）必ず応援してくれます。

それでもなかなか手を挙げられないお子さんへ。内申点をアップするための戦い方は挙手だけではありません。

引っ込み思案には引っ込み思案なりの戦い方があります。

それが、提出物や小テストなどを丁寧に確実にすること。わが子が営業マンタイプではなく事務方タイプなのであれば、徹底的に丁寧な仕事をさせるのです。

これについて、詳しくは1章でお話しします。

誤解3 部活や委員会、検定で差がつく
部活や検定の加点を狙うより大事な、内申書の「行動記録」

「入試で有利になるので英検・漢検を頑張らせています」

「部活で活躍すると加点されますよね」

「部活や委員会のリーダーになると、どれくらい内申点をもらえますか」

こんな親御さんの声もよく聞きます。

たしかに英検や漢検を持っていると調査書（内申書）に記載してもらえますから、ないよりはあったほうが有利なのは事実。部活や生徒会、委員会で活躍していることも同様です。

ただ、「うちの子は部活で大会に出たんです！」といくら言ったところで、内申点

がボーダーラインに達していなければ、その効力を発揮できません。

実際、スポーツ推薦で入学する方法がありますが、どんなに立派な大会に出ていても、内申点が足りなければ推薦資格は得られないのです。

意外と知られていない内申書の「行動の記録」

それよりも大事なのは、内申書の**「行動の記録」**のほうです。

「行動の記録」とは、通知表には記入されず、学校側の内部資料と、調査書（内申書）に記入されるものです。つまり、親や本人が見ることがないもの。

「行動の記録」は、以下の10項目からなっています。

- 基本的な生活習慣
- 健康・体力の向上
- 自主・自律
- 責任感

- 創意工夫
- 思いやり・協力
- 生命尊重・自然愛護
- 勤労・奉仕
- 公正・公平
- 公共心・公徳心

この10項目はいずれも**IQやテストなどで数値化できない人間力**、これからの時代を生きる力として注目されている**「非認知能力」**であることがわかります。

ちなみにこの「行動の記録」、小学校のときから存在していて、親が知らないうちに中学校に送られています。

高校受験の際、この10項目にそれぞれ○印がつくかつかないかを示したものが使われます。できていれば○印、できていなければ無印です。

「行動の記録」と内申点は連動しています。なぜなら○印をつけるかどうか判断しているのは、先生という人間だからです。

たとえば、「基本的な生活習慣」が無印の子は、宿題や提出物が出せていないでしょうし、遅刻や欠席が多いでしょう。そうなると、その科目の「主体的に学習に取り組む態度（旧：関心・意欲・態度）」の評価はＣになり、内申点はおそらく「1」か「2」になるでしょう。

このように、◯印が少ない子はもれなく内申点も低いため、高校受験に不利なばかりか、そもそも「行ける高校がない」と言われてしまう可能性もあります。

逆に言えば、**「行動の記録」で◯印がつくような行動をしている子は、先生の印象もよく、内申点をつけるときに、心の中で下駄を履かせてもらえます。**

たとえば「2」か「3」かで迷ったときに「3」になることがある、あるいは「一生懸命やっているから（テストの点数は悪いけれど）『主体的に学習に取り組む態度（旧：関心・意欲・態度）』はＡだな」と判断されるケースがあるのです。

もちろん定期テストの点数や部活動での活躍、検定も大切です。しかし、この内部資料や調査書には、テストの点数を記入する欄はないのに、評定（内申点）や「行動の記録」を記入する欄があることから考えても、その子の「人間性」を見られていることがわかります。

勉強だけではなく、勉強を通じて何を得ているのかという本質の部分が重要なのでしょう。そしてそれを観察しているのは〝先生〟なのです。

内申点をとるには「いい子にならなくちゃダメ」の間違い

内申点は、先生の「心」でつけています。

それを「先生の主観で成績が決められてしまう」と評価制度を批判する向きもありますが、私はプラスにとらえています。

いまや大学入試でさえ一般入試と推薦入試、総合型選抜（ＡＯ入試）などの割合が半々になっています。その先の就活や会社の人事考課を考えてみても、いつも〝誰か〟があなたの〝人間性〟を評価しているのです。

「先生の顔色をうかがって、媚《こ》びているみたいでイヤ」

「子どもに〝いい子〟の演技をさせたくない」

とおっしゃる親御さんもいます。でも、そうではありません。

〝媚びた感じ〟は先生にもわかります。たしかに偽りの笑顔をするくらいなら、むすっとしていたほうがいいでしょう。でも、どうせ人と接するのなら、不機嫌な顔で接するより微笑《ほほえ》んでいたほうが、感じがいいと思いませんか。

媚びる、媚びないの話ではなく、人としての礼儀やマナーの問題であり、良質なコミュニケーションをとるためでもあります。いずれ社会に出れば、人当たりよく接することがどれだけ大切か身に染《し》みてわかります。そうであるならば、中学生のうちからそれを知っておいて損はありません。


「いい子」にならなくちゃダメ、と思っている親御さんやお子さんは、内申点のつけ方を勘違いしています。

実際にあった話で、

「運動が苦手なあの子の体育が5で、運動が得意なうちの子が3なんて！　えこひいきだ！　納得がいかない」

と先生にクレームをつけた保護者がいたそうです。

でも、**体育では身体能力の高さだけを評価するわけではありません。**

保健体育の先生用の学習評価に関する参考資料には、「仲間に教えてあげたり、仲間に聞いたりすることを評価する」と「評価基準」がしっかり書いてあります。

運動能力の高い子は、体育の授業で、いちばん高い跳び箱を跳べればいいのではなく、どうしたら高く跳べるのか仲間に教えてあげる。あるいは、高い跳び箱を跳んでもけがをしないような跳び方を教えてあげる。逆に運動能力の低い子は、どうしたらもっと高く跳べるのかを仲間に質問する。

きれいな言葉で言えば、仲間同士が学び合う姿、協調性を先生は評価します。

私も中学時代、成績さえよければいい、結果さえ出せばいいと思っていました

実は、こんなことを言っている私がいちばん媚びを売ることが嫌いな人間でした。

中学のときは提出物を出すことさえ媚びを売っていると思い、一切出しませんでしたし挙手もしない。だから**テストができても内申点は９教科で27までしかとれません**

でした。

その後、高校に入学し、大学進学、就職してからも、私のこの性格で大変苦労しました。35歳で「これではいけない」とやっと気づいたのです。

「テストの点がよければいいんでしょ」「結果を出せばいいんでしょ」と言う生徒と、多少テストの点が低くても一生懸命で協調性がある生徒、どちらがお好みですか？という話です。

生徒にも、この私の話をよくしますが、大人になって気づく前に、わかっているなら今からやりましょう、と経験者だからこそいえるのです。

誤解4 内申点よりも比重が高い学力検査対策をやるべき

↓ 本番のテストを5点上げるより、内申点を1ポイント上げるほうが簡単

「うちの県は内申の配点が低くて重視されないから、学力試験で挽回できる」

はたしてそうでしょうか。

実際の高校入試では、内申点はどのくらいの割合を占めているのでしょうか。

東京都の公立高校の場合、一部の例外を除いて、多くは入試の得点の比率は7割、内申は3割です。3割って大きくないですか？

ちなみに私の塾がある愛知県の場合、9教科はそれぞれ5段階評定です。一般選抜ではその合計を2倍したもの（90点満点）が内申点になります。そこに入試当日の点数（22点×5教科）を足し算して200点満点になります。そこからさらに、3パターンに分かれます。

200点満点のままのパターンと、当日点を1・5倍する当日点重視型、内申点を1・5倍する内申点重視型です。

私立志望でも内申点は大事

「うちは私立高校志望だから内申は関係ないです」

そうおっしゃる親御さんもいますが、違います。公立高校だけでなく私立高校でも、内申点重視の高校や、そもそも内申点が悪ければ受験する資格が得られない高校もあります。また、推薦入試の場合は、出願基準に内申点を設けている学校は非常に多いのです。

都道府県によってそれぞれ違うのですが、いずれにしろ内申点の割合は決して低くはありません。入試はギリギリの戦いです。万全の準備をしたとはいえ、当日勝負の入試に比べ、日頃の行動で高い点数をとれるのが内申点。

しかも、あらかじめ3割とわかっているのなら、とっておかないと損だと思いませんか。内申点を1ポイント上げるほうが当日のテストで5点上げるよりも、ある意味、簡単なのです。

たとえば、いつも定期テストで90点をとっているような子どもが、あと5点上げて95点にするのは、とても大変です。一方、同じそのお子さんが内申点3の教科があったとして、その教科を4に上げるほうが、よほど簡単な場合があります。

定期テストの「あと5点」より、内申点の「プラス1」のほうに力を注いだほうが、ラクな場合があるということです。

テストの点数が高くない子の場合は、本書で紹介するようなことをちゃんとやってくれさえすれば、内申点を上げるのは、実はとても簡単です。定期テストの点数が1点も上がらなくても、いや、少し下がったとしても、内申点はほぼ上がっていきます。

しかも、**内申点がアップすると、学力のベースとなる学習姿勢が身につくため、まわりまわって結果的に学力アップにつながり、テストの点も上がるのです。**

先生からの印象が悪い子こそ逆転のチャンス

「〝この子はできない〟というイメージが先生に定着してしまったら、覆すのは難しい……」

「そうは言うけど、内申点を1上げるのって、そんなに簡単なことではないでしょ」

そんな親御さんの声も聞こえてきます。

そんなことはまったくありません。

〝できない〟というイメージがついてしまったお子さんほどチャンスです。

内申点の低い子が変わるとインパクトが大きく、一気に印象が上がります。いわゆる、〝ギャップ萌《も》え〟です。

「あの子がこんなに頑張っている！」となるのです。大暴れしていた不良が、雨の日に捨て猫を拾っている姿を見て、好きになってしまう……昔のドラマにあったような、そんな感じですね。

実際、教員を目指している人には、そういうギャップ（心理学でいう「ハロー効果」）に惑わされるなという指導もされているようです。でも、人間ですから、惑わされますし、心が動くに決まっています。そういう心理は、大いに使わせていただきます。別に悪いことをしているわけではなくて、よくなろうとしているわけですから。

内申点アップのためにすることは学習姿勢の変換であり、習慣のたまものであり、戦略です。

授業直後に復習をすれば定着しやすくなりますし、定着すればますます授業がわかるようになってきます。学力が上がって提出物などの課題も早く進めることができるので、その分、テスト週間に時間の余裕ができてテストの点数も上がる……という好循環になります。

3割もある内申点をしっかりとキープしつつ、当日の試験は余裕をもって臨むほうが、ずっといいと思いませんか。

誤解5 いくら言っても提出物を忘れる子の内申は、対策のしようがない

親が口すっぱく注意するのは逆効果！「自律ノート」で子どもは変わる

いくら言っても提出物を出さない子、忘れる子、いますよね。

先ほどもお話ししたように、私自身も中学時代、提出物を一切出さなかったので、出さない人間の気持ちはわかります。同時に、出さないとどんな痛い目に遭うかも、今ならよーくわかりますが……。

提出物をただ「出せばいいんでしょ」といういい加減な気持ちで提出したり、答えを丸写しして提出したりすると、それは先生に確実に伝わります。

もし答えがわからないならわからないなりに、丁寧に誠実に赤字で書くなど、一生懸命やることが大切です。

よく、夏休みや冬休み明けに宿題を提出するとき、クラスの中に必ず「あっ、家に

忘れてきちゃった」と言う子がいますよね。私もそうでしたから断言できるのですが、そういう子は、絶対に宿題をやっていません。

一生懸命に宿題をやっていれば、絶対に持っていくはずです。仮に本当に忘れたとしても、真剣にやっているのなら、「先生、すみません。下校したらすぐに持ってきます！」と言えるでしょう。それができないということは、真剣にもやっていないし、そもそも宿題をやっていないのです。

「勉強しなさい」と言わずに済む仕掛けをする

よくあるのが、親が「(提出物を) やってあるの？　どうなの？」と問いただしたり、管理したりするケースです。

親が管理をしはじめると、子どもが親を頼りはじめます。

頼っているうちはなんとか提出できたとしても、それをずっと続けるつもりですか？　最終的には子ども自身が自分でできるようにならないと意味がないのではないでしょうか。

では、「提出物を出せ」と強く言ったほうがいいのでしょうか。

いくら「宿題やった？」「提出物出した？」と言っても、やらない子はやらない。それどころか親子関係が悪くなるばかりです。

ではどうするか。**道具を介す**のです。

その道具が、私が考案した「自律ノート」です。くわしくは後ほど紹介しますが、**自律ノートは、正しい勉強の「習慣」と、成績を上げていく「マインド」を整えていくノートです。**

塾生には必ず毎日書かせていますが、毎日書くことで、少しずつ勉強する習慣がついてきます。

名前の通り、まさに、**自主自律が身につく自己管理ノート**なのです。

自律ノートによって、お子さん自身が、自分が今やるべきこと、これからやるべきことが明確になります。

このノートによって、提出物を出し忘れることがなくなるばかりか、そのクオリティもアップすると自負しています。

本書の巻末に、塾で使っている自律ノートを家庭向けにアレンジしたものをつけましたので、ぜひ活用してみてください。

誤解6 学校の先生から「今の内申では行ける高校はない」と言われたらアウト

あきらめるのはまだ早い！ 内申点12からの合格ストーリー

「今のままでは行ける高校はありません」

もし先生にこんなふうに言われてしまったら、お先真っ暗になってしまいますよね。

でも、大丈夫です。必ず対策はあり、道は開けます。

今まで塾でもっとも顕著に内申点が上がったのがC君です。

C君が入塾してきたとき、内申点は12（9教科の合計）でした。ところが1学期で9上がり、内申点は21にまでアップ。

なぜ、このようなことが起こったのでしょうか。

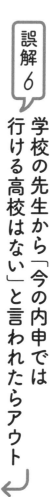

内申点の評価観点である「主体的に学習に取り組む態度（旧：関心・意欲・態度）」をCからAに上げる努力をしたからです。ここが上がるということは、すなわち先生の心証がアップしたということになります。

C君の場合、一度にいろいろなことをやらせようとしてもうまくいかないので、とにかく提出物を丁寧にやる。やったのはそれだけです。今までは答えを写して提出していただけでしたが、わからないときは誠実に赤字で書くこと。それだけをやってもらいました。正直なところ、内申12では進学できる高校はありませんが、21になったおかげで無事に公立高校に進学できました。

受験校のランクアップも可能

「主体的に学習に取り組む態度（旧：関心・意欲・態度）**」の評価観点をアップすること。これができれば、〝内申点アップ請負人〟の仕事の8割は終わったも同然です。**それくらい効果があるということなのです。

逆に、**「主体的に学習に取り組む態度**（旧：関心・意欲・態度）**」が改まると、志望

校のランクを落とさずに済む、あるいは志望校を1～2ランクアップするのも夢ではありません。

最後に、おまけの新常識

「内申点が大事だと言っても、うちの子の学校の先生は厳しそう」

「うちの子の中学は、内申点が上がりにくいという噂があるから無理」

そんな声も聞きます。

意外に知られていない事実ですが、**内申点の上げ方は、先生に聞けば親切に教えてくれます。**

各教科の評価観点には次の3つがあります。

- 知識・技能
- 思考・判断・表現
- 主体的に学習に取り組む態度

これらをそれぞれABCの3段階で評価し、総合して1から5までの評定（内申）がつきます。Aが3つつけばまず内申は5でしょうし、Cが2つか3つあれば内申は2か1でしょう。

たとえば、数学の評価観点が「A・A・B」なのに通知表の評定（内申点）が「4」だったとしましょう。親御さんにしてみたら、「なんで5じゃないの？」と納得がいきませんよね。でも、これは評価観点の何がBだったかによるのです。

「主体的に学習に取り組む態度」がBなら、もうちょっと発言や挙手を多くしたり、ノートや提出物を丁寧に書くことで簡単にAになることもあります。

あるいは「知識・技能」がBであれば、小テストが今ひとつなのか、定期テストの点数があと5点高ければいいのか。何が足りなかったのかによって、戦い方が違ってきます。

だからといって、「きっと挙手をすればいいに違いない」などと勝手に決めつけて頑張るのは得策ではありません。それは推測であり、絶対に内申点を上げられると断言できるものではないからです。

では、どうすればいいのか。何をすれば内申点が上がるのか。

目の前に答えを持っている人＝先生がいるのに、聞かない手はありません。

「どうしても内申を5にしたいんです。何を頑張ったらいいですか」

と、子ども自身がノートとペンを持って、数学の先生を職員室に訪ねるのがいちばん手っ取り早いです。

子どもがそれだけの意気込みをもって準備をしてきている以上、先生も教えざるを得ませんし、先生のアドバイスをメモするだけでも熱意を示すことができます。

あざといと思いますか？　私はこんなに素直な行動はないと思います。

社会に出れば、答えのない問題やトラブルに直面することもあります。それに比べれば、目の前に知りたいことの答えを100％知っている人がいる、どうすればいいか聞けば教えてくれる人がいる。その人に対して、「教えてください」とストレートにお願いすることが、あざといことでしょうか。

中3になったらメモを持って職員室へ行こう

私の塾でも、中3の2学期に内申が2も下がってしまった生徒がいました。

希望の公立高校に行くのに、どうしても内申を上げたかった。そこでその生徒は、ノートとペンを持って職員室に乗り込み、全教科の先生に「何をしたら上げていただけますか」と聞いて回ったのです。

特に下がった教科の先生には、「○○をしたら、また上がる」ということまで聞き出しました。その子の場合は主に定期テストの点数が原因でしたが、それ以外にも提出物、授業中の発言、小テストの点数を8割以上とることなどが原因のこともあります。

それから頑張って、内申点は元に戻り、無事希望の高校に合格しました。

私の塾では中3になったらメモを持って職員室に聞きにいくように伝えています。

なかには「そんなのいいよ、別に」「面倒くさい」「恥ずかしい」と言う子もいます。

たしかに面倒くさいですし恥ずかしいでしょう。でも、繰り返しになりますが、

100％の情報を握っている教師という存在がいるのに、聞かないのは極めてもったいないこと。

私はよく「売れる営業マンと売れない営業マン」の話を子どもにします。

売れない営業マンって、ダラダラしていますよね。一事が万事そんな感じで、指示も守らない、報告もしない、営業先ではお客さんを怒らせる。自分を高めようとしないし努力もしない、挨拶もしない。

売れる営業マンはハキハキして、動きもキビキビしている。売れるように工夫もしているし、売れなくなったらたびたびお客さんのところを訪ねる努力もしている。

先生に聞きに行かないのは、「この人だったら確実に買ってくれる」とわかっているのに売りに行かない営業マンと同じです。子どもにも、ある程度、営業的な動きをしてもらうことが大切なのです。

性格的にどうしても営業向きではないという子には、事務職ならではの戦い方がありますので、第1章でご紹介します。

始めた人から得をする「内申点戦略」

いかがですか？

親の時代のイメージで内申点をとらえていたら大間違い。

「内申は絶対的権力を持っている先生次第でよくも悪くもなり、変えられないもの」と思っていた親御さんもいたかもしれません。でも、**内申点は持ち点で、自分たちでコントロールできるものなのです**。

「今まで内申点をバカにしすぎていました。定期テストの点数を上げることばかり対策していましたけど、**内申点戦略をやったほうが得ですね**」

これはあるお母さんに聞いた感想です。

のびのびさせてあげたいのに、テストの点数を上げることに汲々《きゅうきゅう》として口うるさく「勉強しなさい」と言わなくちゃいけないのが親のストレス。内申点アップでそのストレスを軽減することができるのです。

その理由は、**内申点がアップ＝学力のベースとなる学習習慣や学ぶ姿勢が改善**して、親が何も言わなくても**自分から勉強するようになる**から。

長年〝内申点アップ請負人〟をやっていていちばん面白いのは、子どもの変化です。

内申点がアップすると、自ずと親にとって望ましい態度にみるみる変わっていきます。

内申点は結果ではなく、プロセスを評価するものです。内申点がアップするということは、勉強の途中経過が改まるということなのです。

途中経過が何かというと、「基本的な学ぶための姿勢」です。これは、「計画」「習慣」「印象」に分けることができます。

まず、どうやって「計画」を立てれば効率よくかつ効果的に頭に入るのか、どれだけ早く課題を終わらせることができるかを考えられるようになります。

また、毎日勉強をするという「習慣」をつけることで、作業時間が増えます。

途中経過が改まっていくと、先に述べた「非認知能力」がついてきます。

非認知能力というとかっこいい言葉ですが、私はその子がまとう「空気」だと思っています。「計画」ができ、「習慣」が変わると、その子の「空気」が変わるのです。

日本人は、非認知能力を感じ取る力がピカイチだと思います。なんといっても「気」を感じ取る文化ですからね。学校の先生も、毎日接している子どもの空気が変化することには敏感です。これが結果的にその子の「印象」を変え、さらに内申点アップにつながっていきます。悪いスパイラルから良いスパイラルに変わっていくので、結果が伴いやすいのです。

「基本的な学ぶ姿勢」を学ばないまま大人になってしまう人、実は多いのではないでしょうか。でも安心してください、たまたま今までそのタイミングがなかっただけ。親御さんが悪いわけではないですし、お子さんが悪いわけでもありません。

今からでもこの学ぶ姿勢を身につければ、お子さんの〝ベスト〟な状態まで伸ばすことができます。

習慣化するまでは大変かもしれませんが、ぜひ、本書を参考にして、一緒にやっていきましょう。

高校受験は「内申点アップ」が9割　目次

プロローグ　知ってて知らない「内申点を上げる方法」
――親世代とはこんなに違う！　高校受験の新常識

誤解1　内申点アップのためには定期テストの点数を上げるのが一番
↓テストの点数通りにはつかない。ちょっとしたコツで内申点は上げられる……4

誤解2　授業中に手を挙げて積極性をアピールしないとダメ
↓挙手の回数だけで決まらない。手を挙げられない子には、この手！……10

誤解3　部活や委員会、検定で差がつく
↓部活や検定の加点を狙うより大事な、内申書の「行動の記録」……13

誤解4　内申点よりも比重が高い学力検査対策をやるべき
↓本番のテストを5点上げるより、内申点を1ポイント上げるほうが簡単……20

誤解5　いくら言っても提出物を忘れる子の内申は、対策のしようがない
↓親が口すっぱく注意するのは逆効果！「自律ノート」で子どもは変わる……25

誤解6 学校の先生から「今の内申では行ける高校はない」と言われたらアウト
↓あきらめるのはまだ早い！ 内申点12からの合格ストーリー …… 28
最後に、おまけの新常識 …… 30

第1章 わが子の内申点はここから上げなさい

――手っ取り早く効果的な伸ばし方

内申点って、そもそも何？ …… 48
内申点と自主自律の相関関係 …… 52
内申点の効果的な上げ方 …… 56
1 提出物のクオリティアップ 56
2 小テストの点数アップ 63

3 授業態度の印象アップ 66
4 挙手・発言回数アップ 72
内申点は先生とのコミュニケーションの証し 78
上げやすい内申点、上げにくい内申点 81

第2章 知らずに評価を下げていた「残念な習慣」
――家庭でできる内申点アップ作戦

親子でチェック！「内申点ダウン」チェックリスト 94
家庭でできる内申点アップ作戦❶――家庭生活編 97
時間管理ができる子どもは成績がいい理由 97
自律ノートを使って、やるべきことを「見える化」させる 99
なぜ生活リズムと整理整頓が大切なのか 101

ものを整理すれば、頭の整理ができるようになる 103
親はテスト結果を責めないで、未来にエネルギーを回しましょう 106

家庭でできる内申点アップ作戦❷——学校生活編 …… 108
「嫌いな先生の科目の成績が低い」の克服法 108
内申点アップにつながる「生活ノート」の書き方 111
「字を丁寧に書きなさい」と叱るのは逆効果 113
「宿題の答えを丸写し」への対処法 114
「途中経過」に価値をおいた声かけを！ 116
「忘れ物」を注意するより効果的な方法 119
「主体的に学習に取り組む態度」を身につけるには 120
自分から勉強する子に変わる親の習慣 122

家庭でできる内申点アップ作戦❸——性格編 …… 125
「イジケムシ」「ニラミマン」「スネゴン」は3大モンスター 125
笑顔が乏しいと、人から情報を受け取りづらくなる 127
笑わせて、ポジティブな反応を引き出そう 129
弱点にフォーカスしない。改めていくなら1個ずつ 132

第3章

タイプ別 成績向上プログラム
――営業タイプか事務タイプかで戦略は違う！

わが子は、どんなタイプ？ …… 136

営業タイプ（点数先行型） …… 139
言語系営業タイプのお子さんへのアドバイス 140
記憶系営業タイプのお子さんへのアドバイス 141
直感系営業タイプのお子さんへのアドバイス 142

事務タイプ（内申点先行型） …… 143
言語系事務タイプのお子さんへのアドバイス 144
記憶系事務タイプのお子さんへのアドバイス 145
直感系事務タイプのお子さんへのアドバイス 146

未確認タイプ（勉強時間0分型） …… 147
未確認タイプのお子さんへのアドバイス 148

親と子のタイプが違う場合は要注意！ …… 150
内申点が上がると、テストの成績もこうして上がる …… 151
内申点アップで身についた「やり抜く力」は、受験直前の追い込みに効く …… 156
こんな子はどうする？　親の上手なかかわり方 …… 158
内申点が伸びるタイプがやっている、ちょっとしたこと …… 163

第4章 この「内申点戦略」で将来伸びる人になる！

――一生使える良い習慣とマインドを身につける

正解のない時代、マニュアル人間は生き残れない …… 168
会社の人事考課と内申の評価はほぼイコール …… 170
内申対策＝人間教育と心得る …… 173
〝内申点アップ請負人〟が内申点アップを通じて伝えたいこと …… 178

特別付録　2000人を合格に導いた内申点アップの最強ツール！
「自律ノート®」……181

おわりに……196

コラム
「自律ノート」はこうして生まれた　90
賢い親は先生の感情を推し量る　133

本文デザイン　岡崎理恵
編集協力　樋口由夏
企画協力　合同会社DreamMaker

第1章

わが子の内申点はここから上げなさい

――手っ取り早く効果的な伸ばし方

内申点って、そもそも何？

▼昔は相対評価、今は絶対評価

内申点をアップさせるためには、まずは「学校の先生がどんなことを評価しているか」を知る必要があります。

親も子も、目先のテストの点数ばかりを気にしがちですが、「今回のテストの点数を出すために、お子さんがどんな努力をしていたか？」というプロセスを数値として評価したのが内申点です。

この本を読んでくださっている親御さんの時代は、内申点は「相対評価」でしたが、今は「絶対評価」です。

相対評価とは、「5」の子が何％、「4」の子が何％、といったように内申点の割合が決まっています。したがって、やることをやっていても、必ず「1」の子が一定数いたのです。

一方、現在の評価制度である「絶対評価」は、基準があらかじめ決まっており、その基準に沿って内申点が決まっています。

やることをやっていれば必ず「3」以上の内申点がとれます。理論上は全員「5」でもいいですし、全員「1」でもいいわけです。

だからこそ、絶対評価は、昔よりもサジ加減が微妙です。絶対評価と言いながら、微妙にバランスはとるからです。学校によって差をなくす必要があるためでしょう。実際、各学校の内申点のつけ方の傾向もあります。「1」がやたらに多い学校や、「5」が多い学校もあります。

ただ、見ていて思うのは、**「3」まで上げることは比較的簡単**だということです。

「評価基準」を知っておこう

とはいえ、理論上は絶対評価なわけですから、基準を知っておかなければなりません。

基準を知るために、親御さんに確認をしていただきたいのが、4月に学校で行われる各教科のオリエンテーションで配布される資料です。

この資料は年度を通じてもっとも大切な「一級資料」といえます。そのなかには、各教科ごとに評価基準が書いてあるからです。

このお話を親御さんにすると、

「毎年配布されるからパラパラッと見るだけです」

「よくわからないから、そのまま棚に入れっぱなしです」

という声を聞くので驚いてしまいます！

学校によってはペラ1枚のところもあるのですが、小冊子のようになっているところもあります。

コロナの影響でオリエンテーションが行われない可能性がありますが、必ず基準が書かれた資料は配布されますので、熟読しておくのはもちろん、しっかり活用してください。

ある中学校のオリエンテーションの資料を読んでみると、やはり先生の「観察」によって評価がつけられていることがよくわかります。

そして、これまで繰り返しお話ししてきた「主体的に学習に取り組む態度（旧：関心・意欲・態度)」に対する評価は、先生のサジ加減によってかなり変わるように思われます。先生も人間ですから、主観が入っていないとは言えません。

たとえば、定期テストの点数は高くても、授業中に寝ている子は「主体的に学習に取り組む態度」は上がりません。内申点はせいぜい「3」止まりでしょう。

親世代なら、定期テストの点数が高ければ「5」がついたかもしれません。でも、もはや、そういう時代ではないのです。

内申点と自主自律の相関関係

▼成績は「上がる順番」があった

内申点には、上がる順番があります。

内申点は昨日や今日の努力ですぐに点数として出るわけではありません。第3章でご紹介しますが、その子のタイプによって、ある程度時間がかかるものだと知っておいてください。

内申が上がる順番は以下の通りです。ただし、「❷提出物」「❸授業態度」「❹小テスト」は、子どもによって順番が入れ替わることがあります。

❶自律（生活習慣・時間管理）
❷提出物
❸授業態度

成績アップのピラミッド

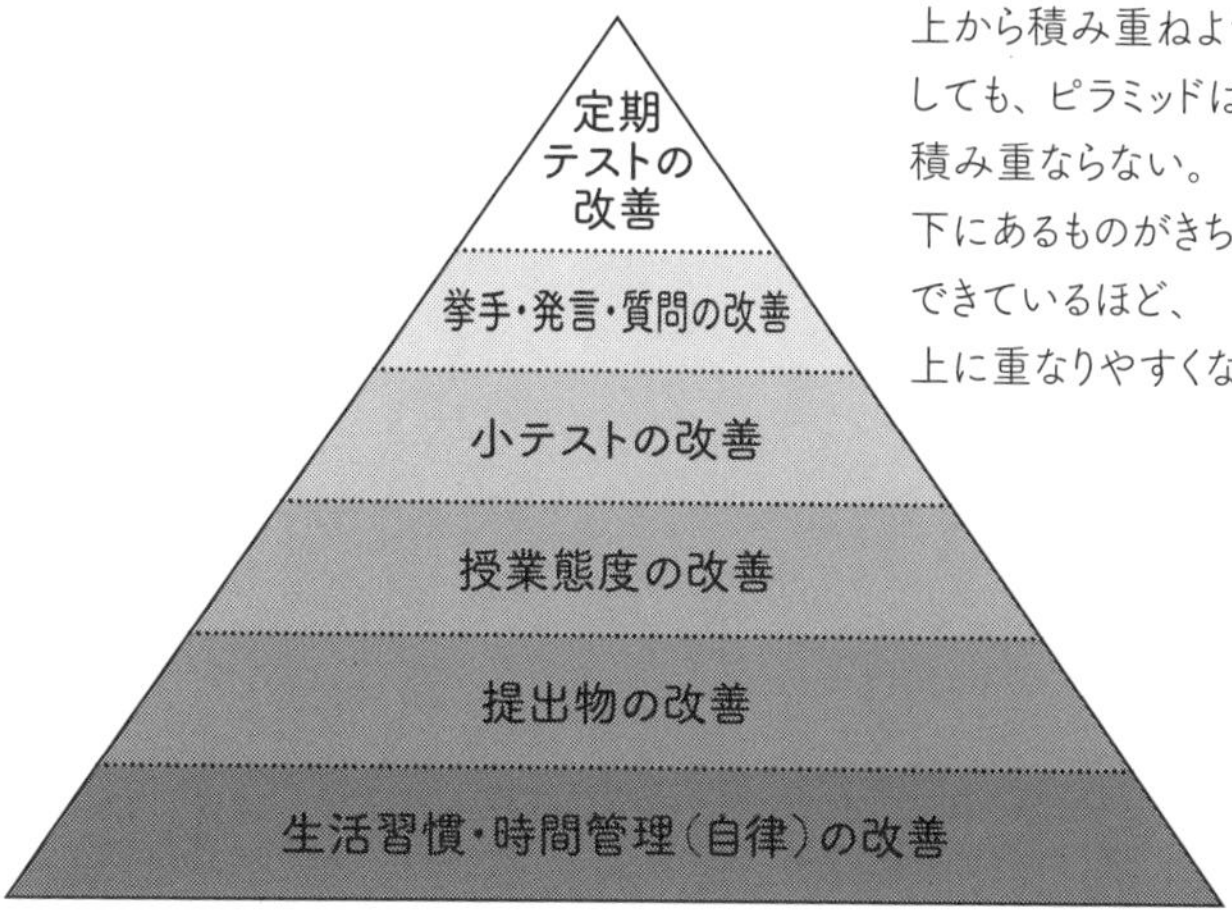

上から積み重ねようとしても、ピラミッドは積み重ならない。
下にあるものがきちんとできているほど、上に重なりやすくなる。

❹ 小テスト
❺ 挙手・発言・質問
❻ 定期テスト

生活習慣は学力の基盤

まず最初に**「自律（生活習慣・時間管理）」**とあります。これが、すべての下支えになっているということを肝に銘じておいてください。

自律は、自己管理能力と言い換えることもできます。

「生活習慣・時間管理」とは、朝起きて朝食を食べ、遅刻をしないように登校することから始まり、帰宅してからは毎日机に向から学習習慣のこと。これを目指します。

夕飯を食べ、入浴し、就寝するという基本的な生活習慣が乱れているご家庭のお子さんは、厳しいようですが、学力が伸びにくいのです。

また、時間管理については、もちろん遅刻しないといったことも含まれますが、もっと広い意味では「提出物を期限内に提出する」ことも含まれます。

生活習慣と時間管理については第2章でくわしくお話しします。


さらに、内申点アップの下支えになっているものとして意外と知られていない事実があります。

「今日のホームルームで先生が話したことをきちんと聞いているか」


これが大事なのです。

事実、現役の教師をしている保護者の方が「自律ノート」の記入項目を見て、感心してくれました。

「そうそう！『今日のホームルームで先生がおっしゃったこと』がいちばん大事で

すね」

そもそも朝の会・帰りの会で先生が話したことを覚えていない子が、授業中の話をきちんと聞けているはずがありません。

先生の話をよく聞いて覚えるというのは、勉強の基本なのです。これができれば、授業の内容をきちんと聞くことができるようになります。

ご家庭ではとにかく、毎日机に向かうこと。この習慣をつけるようにしましょう。プロローグで紹介したBくんは、毎日机に向かって勉強する習慣をつけただけで爆発的に伸びたのです。

「塾に入る前に、どんな勉強の仕方をしていましたか」

塾生にアンケートをとると、テスト週間に入ってから課題を始め、テストの日までに課題を終わらせるのに必死で、テスト勉強はできなかったという子がほとんど。それが毎日計画的に勉強するようになり、みんな、みるみる変わっていきました。

❷以降（提出物、授業態度、小テスト、挙手・発言）については次項で紹介します。

内申点の効果的な上げ方

▼まずは、「4つのアップ」から始めなさい

内申点アップは総合力です。

定期テストの点数アップだけにこだわって、前項の4つのアップをないがしろにしていると、想定以下の内申点になってしまいます。

逆に定期テストの点数はイマイチでも、4つのアップをコツコツできる子は内申点が想定以上に上がります。

それぞれのアップの工夫やコツを紹介しましょう。

❶提出物のクオリティアップ

提出物を期限内に提出するのは大前提です。

いちばん重要かつ、成功率が高いのが、字の丁寧さです。美しい字でなくてもかまいません。時間にゆとりがあれば、丁寧な字が書けるようになります。

なぜ、丁寧な字が大切なのでしょうか。「見た目の印象がいいから」。ただそれだけです。ビジュアルは、もっとも説得力が強いのです。

提出物を出したときに、丁寧な字と汚い字を見て、先生がどう思うか、想像してみてください。

また、**字は心の姿勢を表しています。**

大きく言ってしまえば、字が汚い、字が雑＝丁寧な仕事ができない人間は、信用できないということです。それは、社会に出ていらっしゃる親御さんなら、理解できるのではないでしょうか。

もちろん、字が汚くても学力が高い子は存在します。でも、ここでは一部の天才については語ることはしません。

字は人を表すと言いますが、字が雑な子は何をやっても雑なところがあります。字が雑だと、どこか集中できていないところがあったり、先生の話もちゃんと聞けていなかったりすることが多いのです。

字が改まると姿勢も改まり、人の話もちゃんと聞けるようになります。

字を丁寧に書くことは、家庭でもやりやすく、もっとも成功率が高いもの。これをやらない手はありません。とくに字が雑な子が丁寧な字を書いたときのインパクトは大！

「この子が、こんなに丁寧に書けるようになったのか」

先生はしみじみそう思うでしょう。しかも評価する側というのは、**字が丁寧になったこと＝主体的に学習に取り組んでいる、と解釈します。**

丁寧な字を書けるようになるコツ

では、どうしたら丁寧な字が書けるようになるのでしょうか。そのコツをお伝えしましょう。

コツは２つあります。

１つは、「スピード」です。

字が雑な子は、えてして書くスピードがとても速いのです。「もっとゆっくり書いて」と言っても子どもには伝わりづらいので、私は数値で指示します。

「今のスピードが100だとしたら、60で書いてみて」

実質「80」くらいのスピードでいいとしても、少なめに言うのがコツです。

2つ目は「角《かど》」です。

字が雑な子が書く漢字は、角が丸いのが特徴です。角はきっちりと曲げること。これは**書いて見せてあげる**のがもっともわかりやすいのです。

そのとき、とても丁寧できれいな字と汚い字、そしてその中間くらいの字の3パターンを書いてください。

子どもには「中間くらいの字」を目指すように伝えます。

「これならできる」と思うはずです。親御さんに余裕があれば、漢字の練習帳などにある四角いマス目を使って、その8割くらいの大きさに収まるように意識して書くことも教えてあげてください。

また、筆圧が弱い子もいます。

筆圧が弱いと、やる気がないように見えてしまい、とても損をします。

筆圧が弱い場合は、シャープペンシルの芯をHBではなく2Bにして、まず字を濃くするところから始めるといいでしょう。

以前、塾にも筆圧が弱い子がいました。シャープペンシルの芯は何を使っているか聞くと、「F」と言うので、すぐに濃いものを買うように伝えました。その子は国語がずっと「1」でしたが、入試までに「3」に上がりました。

提出物はプレゼンテーション

字が丁寧に書けたら、次の提出物のコツは、**「やり直した形跡があること」**です。

問題集に1回答えを書き込んでしまうと、やり直しができないと思われがちですが、そこにはコツがあります。

「やり直しは付箋で見せる」のです。

たとえば数学の計算問題なら、上から大きめの付箋を貼り、その上から書き直します。このようなことはあまりほかの子どもはやりませんから、目立ちますし印象に残ります。

あるいは、赤いシートなどで隠して暗記しようとしたために、こすれて黒くなってしまった形跡があるのも、一生懸命さが伝わります。

細かい話ですが、ポイントとなることや解説を、シャープペンシルの黒と赤ペン以外の色で書いてあることも大事です。

おすすめのペンの色は、青とオレンジ。

不思議なのですが、成績のいい子たちの提出物やノートを見ると、示し合わせたように青とオレンジが使われています。

たとえば重要な単語はオレンジ、長い解説の文章は青、というように使い分けています。黒や赤以外の色が入ることによって、とても目を引きます。

さらに細かいことですが、問題集には日付やクラス、出席番号や名前を書く欄があります。そこは面倒でも確実に書いてほしいのです。

先生は該当のページを開いた状態で確認していることが多いので、「誰のだ?」といちいち表紙を確認する必要がなくなります。そして何より、書くべき項目にもれなく書いてあるという「丁寧さ」が伝わります。

提出物にここまで工夫する必要があるのか、と思われた方もいるかもしれません。でも考えてみてください、忙しい先生が提出物をチェックする時間は、ひとりにつき長くて1分、せいぜい10~20秒くらいではないでしょうか。

その短い時間のなかで、「これはいい」「これはさぼっている」と判断しなければならないのです。

提出物はプレゼンテーションです。

わずかな時間で判断されてしまうのであれば、どうすればよく見られるかを研究しないと、内申点は上がりません。

とくに授業中の挙手・発言が苦手な引っ込み思案なタイプは、提出物で職人技を発揮するといいでしょう。

❷ 小テストの点数アップ

小テストは、親御さんが思っている以上に頻繁に行われています。

とくに実施されることが多い教科は英語と社会、国語でしょうか。

英語の単語テストや国語の漢字テスト、社会はそのとき習っているところに合わせて、用語を書かせたりする暗記ものが多いようです。

家庭科や音楽などの副教科で行われることもあります。

小テストはできれば満点を連続でとっていくのが理想です。少なくとも、毎回8割以上はとっておきたいものです。

そのためには戦略が必要です。

小テストの実施日と出題範囲を共有しておく

まず、どの教科の小テストが、いつあるのか、範囲はどこなのかを知っておくこと。

その情報を把握しておかないと、小テストに勝つことはできません。

「そんなの知っていて当たり前じゃないの？」と思われるかもしれませんが、意外や意外、忘れている子がとても多いのです。忘れているどころか、「知らなかった」と言う子もいます。先生の話を聞いていないということです。

それが、先にお伝えした「ホームルームで先生がおっしゃったこと」を聞けているかどうかにつながります。

ホームルームで、あるいは各先生の授業で、必ず小テストの情報は話をしているはずです。

情報さえ把握していれば、あとは対策をするだけ。

小テストは定期テストと違い、覚えることも少なく、対策にそれほど時間もかかりません。取り組めば必ず、どんな子でも8割以上は確実にとれるものです。定期テストの点数が悪くても、小テスト満点は目指せます。

そして小テストはそのまま定期テストにつながりますから、定期テストの点数も上がっていくでしょう。定期テストが高得点ではなくても、小テストで満点が続けば、内申点を上げざるを得なくなります。

学校は、**日々の小さな努力をコツコツとしている姿勢を評価する**からです。

子どもが自ら小テスト対策をしている場合は問題ありませんが、そうでないのであれば、親御さんも小テストがいつあるのか、お子さんからの情報を共有し、小テストが近くなったら「来週の月曜日だよ」などと声かけをしてあげてください。

親のかかわり方ひとつで小テスト満点！

中学1年生のお子さんのケースです。

それまでは小テストの情報を把握しておらず、いつも行き当たりばったりでテストを受けていたのですが、しっかり情報を把握するようになり、親御さんにも共有するようにしてもらいました。

英語の単語のテストや社会の用語テストなど暗記系のものでは、1週間前から、学校からの帰宅後と、登校前の30分ずつ、付き添って暗記問題を出してあげるようにしたそうです。

すると、ほとんどの小テストで満点が取れるようになり、社会の先生から「小テストを頑張っているね」と声をかけられたそうです。

これもまた、それまでできていなかったお子さんほどインパクトが大きいので、内申点アップにつながります。ぜひ、取り組んでみてください。

❸ 授業態度の印象アップ

授業態度が悪ければ内申が低くなる。言わずもがなです。

あなたが先生だったら、どんな態度で授業に臨んでほしいか、ちょっと想像してみてください。

ポイントは姿勢、目線、表情、声です。

姿勢を改善するコツ

まず、姿勢のポイントは、椅子の背もたれに寄りかからないこと。

寄りかかっているだけで、ダラーッとして見えます。

手は机の上に出してもいいので、授業を前のめりで聞くことです。

問題を解いているときや考えているときに、軽く頬づえをつくのはいいのですが、頭を完全に預けるのはＮＧ。

先生が教室に入ってきたときに、机の上に何も出しておらず、あわてて教科書を出すような子がいます。一方、あらかじめ教科書を開いて待っているような子は、印象がよくなります。

目線や表情で印象は変わる

次は目線です。

先生が話しているときは、よそ見をしないで先生のほうに目を向けます。これは基本中の基本です。

このとき、むっつりした表情になりがちな子は、表情で損をしてしまうことがあります。ポイントはちょっと口角を上げること。

たとえ真面目に聞いていても、口角は意識してキュッと上げてみましょう。

表情が大切なのは単純な話で、にこやかな子とむすっとしている子、どちらの印象がいいですか？　という話です。

笑顔が見られる子のほうが、やる気があるように見えますし、なぜか成績もよさそうに見えます。

よく見られるのが、指先をいじっている子。ペンで指や爪をほじくったり、爪の甘皮をむいたり。何が気になるのか、ずっとやっています。あくまでも私の経験上の話ですが、こういう子は成績があまりよくないケースが多いです。

そもそも、下を向いて指をいじっていて、先生のほうを見ていないどころか、話も聞いていない。**「授業がつまらない」と態度で示している**ようなものです。

同じタイプで、筆箱に消しゴムを入れたり出したりする子もいます。どちらも完全に印象が悪くなります。

意外なところで先生の心証を悪くしているのが、筆箱で手元を隠している子。もしかしたら子ども自身は恥ずかしいだけなのかもしれませんが、先生からはやましいことをしているようにしか見えないのです。

細かいことですが、机の上は先生に見える形で配置することが大事です。ちなみに筆箱は、横ではなく、机の前方に縦に置くことをおすすめします。

もうひとつ、声の大きさも先生の逆鱗《げきりん》に触れていることが多いポイントです。**休み時間は大きな声で騒いでいるのに、授業中は蚊の鳴くような声を出していませんか。「声量の逆転現象」に注意しましょう。**

先生から悪い印象を持たれてしまう授業態度ワースト3

先生の逆鱗に触れるもののワースト3をまとめますと、ダントツの1位は指先いじり、2位は姿勢と目線、3位が声の大きさでしょうか（あくまで私の独断です）。

教壇に立つとよくわかるのですが、子どもが思っている以上に、子どもの様子や机の上などがよく見えます。

しかも、**後ろの席ほどよく見えます**。まんべんなく教室に目線を配るのは、教師の基本です。先生が何も見ていない、気づいていないなんてことはあり得ないと心得ておきましょう。

とくに**嫌いな科目の場合は、授業態度に注意しましょう。**

たとえば、体育で「集合！」と言われているのにダラダラ歩いたりすると、やる気がないと判断されてしまいます。**体育用具を率先して出す、片づけるなど、積極的に授業に協力する姿勢が大切です。**

それ以外の教科でも、言葉に出さずとも「早く終わらないかなあ」「面倒くさいなあ」「興味ない」という裏メッセージが、子どもの態度、しぐさ、行動から垣間見えることがあります。

たとえ興味がなくても、一生懸命やるという姿勢を大切にしてほしいと思います。

声で損をしていませんか

塾でも、授業態度ですごく損をしている子がいました。

本人に悪気はなく、とてもいい子なのですが、誤解されやすいタイプです。話をしていると、返事の仕方が「はあ」とか「はい？」といった感じで、ばかにしているように聞こえます。普段の姿勢も首をななめに傾けていて、ケンカを売っているように見えてしまう。

にこやかさもないので、受け取る側がどう思うかを伝え、改善してもらいました。声の大きさだけでなく、声に張りがない子も損をします。

大人でも、外から電話がかかってくると、声のトーンがよそ行きモードに変わりますよね。その根底には、「人によく思われたいから」という心理があるはずなのですが、子ども（とくに男の子）にはそれがない場合が多く、ボソボソとしゃべってしまうのです。男の子は声変わりの影響もあるので、意識して声を張るようにする必要があるかもしれません。

その点、**体育会系の子やスポーツをやっている子は、内申点を伸ばしやすい**でしょう。それは、スポーツを通じて授業態度の印象アップ（笑顔・覇気がある・元気な挨拶ができるなど）が自然と身についているケースが多いためです。

❹ 挙手・発言回数アップ

誤解のないように申し上げますと、たとえば「授業中に発言したらプラス1点」というような評価をしている先生はいないでしょうし、建前上、授業中の挙手の回数や発言の回数をカウントしてはいけないことになっています。

でも、考えてみてください。授業をしていて、だれが挙手や発言をしたか、教師が忘れるはずがありません。

誤解を恐れずに言えば、**挙手や発言回数＝授業への協力度**、授業を盛り上げる行為といえます。

もちろん、挙手や発言を強要するのは論外ですが、授業をしている以上、教える側としては「反応」がほしいのです。それがコミュニケーションではないでしょうか。

内申点が4と5ばかりのお子さんの場合はともかく、2、3、4のあたりで戦っている子どもたちにとって、挙手や発言ができることの意味は大きいでしょう。

今まで手を挙げなかった子が挙手をすることで、
「最近、手を挙げるようなったな」
と先生が思ってくれさえすれば2が3になり、3が4になるかもしれません。

積極的に手を挙げられるようになる方法

プロローグでも話しましたが、手を挙げるというのはおとなしい子や引っ込み思案な子には心理的ハードルが高いものです。この心理的ハードルを下げるためには、戦略が必要です。

短期的な方法はすでに紹介しましたので（p.11）、長期的な方法を説明します。

手を挙げるためには、答えを確信している必要があります。小学生のときに、よく何もわかっていないのにやたらと手を挙げる子がいましたよね。いざ指名したら「わかりませーん」と言ったりする。これを中学でやったら授業妨害です。

一方で引っ込み思案の子は、100％わかっていないと手を挙げられないのです。

そもそも間違えることが恥ずかしいと思っているので、まず、**授業中に100％わか**

る状況をつくる必要があります。

具体的には、先生が質問しそうなことをあらかじめ知っておくことです。

学校のテストの際に提出するワークなどの提出物の問題をあらかじめ解いておき、先生が質問しそうなことをリサーチしておく。まさに戦略。要は「予習」をすればいいのです。

すると自分のなかで自信がもてる部分ができるので、次の授業では挙手できる可能性があります。

予習をするためには、当たり前ですが「明日の学校の時間割」がわかっていなければなりません。そのためには「今日の時間割」もわかっていなければならず、つまるところ、「ホームルームで先生がおっしゃったこと」をちゃんと聞けているかどうかがポイントになってきます。

これらはすべて、「自律ノート」に記入する欄がありますので、ぜひ活用してください。

「どの授業でもいいから、必ず1回手を挙げる」から始めよう

答えがわかっているのに手を挙げられない場合は、心理的ハードルだけの問題です。**「間違えてもいいんだよ。間違えることは悪いことではないし、努力をした結果なんだよ」**ということを繰り返し伝えてほしいと思います。

私の塾では、「わからない」と言える環境を用意しています。答えを間違えても、「ナイスファイトだよ。よくトライした!!」と、めちゃくちゃほめます。でも学校の場合は、間違えると笑われることもありますし、先生がかばってくれるとは限りません。

そんなときに私が生徒に話すエピソードがあります。

私が中学2年生のときの話です。英語で外国人の先生が来たとき、「How old are you?」と聞かれたので、私は「I' m thirteen (13) years old.」と答えました。すると「Oh! Ha ha! Thirty (30)?」と笑うではありませんか!

日本人の子どもが頑張って一生懸命に発音しているのに、なぜ笑う?

少年の心はとても傷ついたわけです。

こんな話をすると、生徒は、ほっとしたように笑います。

「お母さん（お父さん）が中学生のころは、積極的に手を挙げていたよ」

親はつい、子どもに自分の**「成功談（自慢話）」をしがちですが、子どもの心に届くのは「失敗談」のほうです**。みなさんもぜひ、失敗談を話してあげてください。

そのうえで親御さんが声かけをして、**「どの授業でもいいから、必ず1回手を挙げる」**ということを目標にします（自律ノートの「明日の学校での動き」という欄に書き込んで明日の行動目標にしてもいいでしょう）。

挙手しやすいのは、得意科目、あるいは好きな先生の教科。

挙手はできなくて当たり前なので、もし挙げられなくても、

「頑張ったね。明日も頑張ってみよう」

1回でも授業中に手を挙げたことがわかれば、「よくやったね！」とほめます。

それを「手を挙げるのは当然だろう」みたいな扱いをすると、二度と手を挙げなくなってしまうでしょう。

挙手は回数ではないことも教えてあげてください。

普段は挙手をしない子が挙手をしたほうがインパクトが大きいですし、指名される確率も高いでしょう。そのインパクトを狙う手もあります。

まずは1回でいいから手を挙げる。大人にとってはたかが1回ですが、子どもにとってはものすごく成長をさせてくれる1回です。**0から1になることが重要なのです。**

ただ焦らなくても大丈夫。それでも挙手ができなくても、提出物や小テストを頑張って内申点が上がってくると、変わってきます。

「挙手をしたほうがいい」という必要性を本人がいちばんわかってくるのです。

毎日机に向かって勉強ができる忍耐強さが生まれてくれれば、子ども自身が「イヤだけどやる」「必要だからやる」「仕方ない。手を挙げてみよう」という感覚になってきます。

あとはきっかけをつくってあげるだけ。「そろそろ、手も挙げられるんじゃない？挙げてみようか」と背中を押してあげましょう。

挙手は最終段階、くらいの気持ちで、焦らずお子さんの動きを待ちましょう。

内申点は先生とのコミュニケーションの証し

▼先生の心証をよくする「魅せ方」を知っておこう

内申点アップの４つの方法について紹介しましたが、要は**先生とどれだけコミュニケーションをとれるか**、ということに集約されます。

先にも紹介したように、直接言葉を交わすのが苦手な子は、生活ノートや提出物を通してコミュニケーションすることから始めましょう。

ただ、それでも直接顔を合わせてのコミュニケーションは大切です。

教える立場から見ても、話しかけやすい子と話しかけづらい子がいるのはたしかです。先生は、話しかけやすい子にしか話を振らないものです。お子さんが「いじられキャラ」だったら、かなり得をします。大いに喜びましょう。

とくに**笑顔がない子は**、**先生側のイメージとして**、**「私は心を開かないけど、理解させてくれますよね？」と思っているように解釈されてしまうのでマイナスです。**

内申点アップの成功率が高いのは、前述した**字の丁寧さです。**とてもインパクトが強いからです。そのほかにも、小テストが悪かった子がよくなった、挙手をしていない子が挙手をしたというのもインパクトが強いでしょう。

失敗してもリカバリーできる

今まででいちばんインパクトがあった、忘れられない男の子がいます。

中2の2学期、入塾説明に来たとき、ななめに座って明らかに態度が悪かったC君。「本当に成績を上げたいの？」と私が聞くと、ふてくされながら「はい」と言います。

そんなC君が塾に通ううちに変わりました。先頭を切って「小テストで満点をとろう！」とクラスに呼びかけるなど完全にキャラが変わり、内申も上がっていきました。

ところが、中学3年の1学期の定期テストで、やらかしてしまいました。テストの最後に感想を書く欄があったのですが、なんとC君、終わりのチャイムが鳴って「やめ！」と言われているのに、それを無視して感想欄に「難しかったぜ～！」と殴り書き。先生から呼び出しをくらって怒られてしまいました。

私に相談に来たので、「それはまずいよ。とにかく明日、もう一度頭を下げたほうがいいぞ」と言いました。そうしたらどうしたと思いますか？　驚くことに翌日、自分から頭を丸めてきたではありませんか！　その姿で先生に謝ったところ、印象がアップ。内申に影響することなく、無事に公立高校に進学しました。

そこまでしなくても、内申点アップの「魅《み》せ場」（先生の心証をよくする方法）はいろいろあります。

親御さんのなかには「そこまでしないと、いい内申をもらえないの？」と思われる方もいるでしょう。誤解されがちですが、魅せ方というのは〝メタ認知〟です。

メタ認知とは、自分を客観視する能力のこと。自分は今、相手にどう見えているか。この視点は、将来きっと役に立ちます。

営業マンが顧客にあからさまにアピールしたり、お客さまの逆鱗に触れたりしたらモノが売れないのと同じように、中学生であっても、**先生といい関係を築くことは重要です。社会に出てから必要になるスキルのひとつなのです。**

上げやすい内申点、上げにくい内申点

▼わが子の場合、上げやすいのはどこ？

「内申点を上げる」とひと口に言っても、いったい何をどうやって上げたらいいのかわからない。内申点を上げるためにはある程度は的を絞る必要があり、9教科もある科目を全部いっぺんにやろうとしてもうまくいきません。

そこで、ここでは内申点を上げやすいポイントを紹介しましょう。ポイントは以下の4つです。

❶「主体的に学習に取り組む態度（旧：関心・意欲・態度）」がCの項目
❷「〇〇したら上がる」と先生から言われている項目
❸好きな科目や得意科目
❹苦手科目の中で改善の努力を認めてくれやすい先生の科目

❶「主体的に学習に取り組む態度」がCの項目

内申点の評価項目のなかで、もっとも評価を上げやすいのが、「主体的に学習に取り組む態度（旧：関心・意欲・態度）」です。ここがCの項目があれば、ぜひそこに力を入れていきましょう。

内申点アップ請負人の私が、塾生の内申点を見てまずやってもらうことも、この「主体的に学習に取り組む態度（旧：関心・意欲・態度）」の改善です。

「評価」を分析し、「評定」を計画的に上げていくことが、〝内申点アップ請負人〟の仕事であり、内申点の悩みのほとんどが「主体的に学習に取り組む態度（旧：関心・意欲・態度）」を軽視した学校生活から発生しています。

「主体的に学習に取り組む態度（旧：関心・意欲・態度）」がCであれば、前にお話しした「4つのアップ（提出物のクオリティアップ、小テストの点数アップ、授業態度の印象アップ、挙手・発言回数アップ）に気をつけるだけで、すぐにBやAになります。結果、トータルで面白いほど内申点は上がるのです。

以前、「主体的に学習に取り組む態度（旧：関心・意欲・態度）」を改めたことで、次の学期には内申点12から9ポイントも上がって21になり、公立高校に合格した例を紹介しましたが、これは決して珍しいことではないのです。

❷「○○したら上がる」と先生から言われている項目

学期末の保護者面談で「この教科は、○○をもう少し頑張ったら上げられるよ」「理科の先生が、もう少し点数をとってほしいと言っていた」などのアドバイスをいただけることがあります。でも、はっきり言うと、担任の先生からの情報だけでは不足です。

プロローグでも触れましたが、各教科の先生から、できるだけ多くの「○○したら上がる」という情報を、直接お子さんが聞きに行くことをオススメします。

評価をつける本人が言っている情報を手に入れることが大切なのです。だって、お客様が「こうしてくれたら買いますよ」と惜しげもなく言ってくれるんです！　こんな100％の確定情報、手に入れないなんてもったいないです。

必ずメモをとりながら聞き、メモをとったものを先生自身にも確認してもらうくらいの慎重さで取り扱ってほしいくらいの「超重要情報」です。情報さえ手に入れば、迷うことなく実現に向かって努力するだけ！　非常にシンプルな戦い方ですよね。

勉強というのは「情報のやりとり」です。より多くの有益な情報を手に入れ、努力する方向性をシンプルにしていくことで、内申点が上がりやすくなります。

❸好きな科目や得意科目

そのほかにも**「好きな科目（得意科目）」や「勉強していてストレスのない科目」「好きな先生の科目」は、さまざまな評価項目でアップが望めます。**

得意科目や好きな科目は、おそらく目力《めぢから》をもって授業に臨めているはずなので、取り組みやすくなります。

武器＝得意科目を持っていると、勝負しやすいのです。

武器と呼べるかどうかの目安は、ほかの科目よりも頭ひとつ飛び抜けて高い科目です。ほかの科目が平均点前後だったとしても、得意科目が90点近くとれているような科目ならベターです。

なぜかと言うと、どんなに不器用な子どもでも、**得意科目で身につけた勉強方法をほかの科目でも応用できる**からです。

得意科目で結果を出す方法論を身につけてから、ほかの科目にその方法論を展開したほうが早くよくなるというわけです。

たとえば、私自身の得意科目は国語と社会でした。

社会はほとんどが暗記すればできるものでしたから、徹底的に覚えて、問題集は全問が正解になるまで覚えました。この方法を、苦手だった英語でも応用しました。英語もとにかく丸暗記してみたのです。

英語の教科書とその訳を全部頭に入れ、テスト範囲の問題集の文も解答も全部頭に入れました。時間はかかりますし不器用なやり方ですが、定期テストで90点以上とることができました。私は「覚えること」が得意でしたから、その方法を苦手科目にも応用したわけです。

苦手科目より得意科目を伸ばせ

親御さんはついつい苦手科目にばかりフォーカスし、苦手科目を上げようとしがちですが、内申点アップ戦略でも、受験戦略でも、**苦手な教科を上げるよりも、得意科目で結果を出すほうが簡単です。**

苦手科目を今より下げないことは大事ですが、無理に上げようとしないことです。もちろんいずれ苦手科目も力を入れなくてはなりませんが、まず先に力を入れなくてはならないのは得意科目のほう。要は、戦い方の問題なのです。

子どもは、勝つ経験が増えればモチベーションが上がり、モチベーションが上がれば勝ちやすくなります。いわゆる「成功体験」を積まないと、自信がつきません。そして**勉強の世界で成功体験をするには、勝ちやすいもので勝つことです。**

弱点を伸ばそうとする姿勢はすばらしいのですが、勉強においては、数字の世界だけに、戦略的になるしかありません。得意科目で自信がつけば、最終的には苦手科目も頑張れるようになり、伸びていきます。

最初から苦手なもので戦おうとすると、やりたくなくなりますし、自信を失い、勉強が嫌いになってしまいます。

❹苦手科目の中で改善の努力を認めてくれやすい先生の科目

苦手科目に手を出すのは最後、と言いましたが、「苦手だけれど、先生は好き」という科目があれば、内申点が上がる可能性があります。

苦手科目でも先生が好きであれば、おそらく授業は先生のほうを見てしっかり聞くでしょう。

あとは提出物や小テストなどを真面目にやっていれば、先生が下駄を履かせてくれる可能性があります。

やることをやれば、必ず「3」以上の内申点がとれるでしょう。

内申点アップ・カウンセリング——中学1年生のD君の場合

実際の通知表で戦略を説明しましょう。

このお子さんは「主体的に学習に取り組む態度（旧：関心・意欲・態度）」にAが多い珍しいケースです。実はこの時点で、内申点アップ請負人の仕事の8割は終わっています。

親御さんにうかがうと、内申点が3の教科でも、定期テストの点数は平均点以下だそうです。本来なら2になってもおかしくないとのこと。

ところが、「主体的に学習に取り組む態度（旧：関心・意欲・態度）」がAの場合は、実質2のところが3になっています。これは、下駄を履かせてもらっていると言っていいでしょう。

苦手という数学は、定期テストでいきなり高得点は無理でも、小テストかそれに類するもので確実に点をとっていくとCがBになり、2が少なくとも3になるでしょう。

理科はレポートなどの提出物を確実に、かつ工夫して出すようにするといいでしょう。

通知表の見方

学習の記録

教科	観点別学習状況	第1期 評価	第1期 評定
国語	国語への関心・意欲・態度	A	3
	話す・聞く能力	B	
	書く能力	B	
	読む能力	C	
	言語についての知識・理解・技能	B	
社会	社会的事象への関心・意欲・態度	B	2
	社会的な思考・判断・表現	C	
	資料活用の技能	C	
	社会的事象についての知識・理解	B	
数学	数学への関心・意欲・態度	A	2
	数学的な見方や考え方	C	
	数学的な技能	C	
	数量や図形などについての知識・理解	B	
理科	自然事象への関心・意欲・態度	B	2
	科学的な思考・表現	C	
	観察・実験の技能	C	
	自然現象についての知識・理解	B	
音楽	音楽への関心・意欲・態度	B	3
	音楽表現の創意工夫	C	
	音楽表現の技能	B	
	鑑賞の能力	A	
美術	美術への関心・意欲・態度	C	2
	発想や構想の能力	B	
	創造的な技能	C	
	鑑賞の能力	C	
保健体育	運動や健康・安全への関心・意欲・態度	A	3
	運動や健康・安全についての思考・判断	B	
	運動の技能	C	
	運動や健康・安全についての知識・理解	C	
技術・家庭	生活や技術への関心・意欲・態度	B	3
	生活を工夫し創造する能力	B	
	生活の技能	B	
	生活や技術についての知識・理解	C	
外国語（英語）	コミュニケーションへの関心・意欲・態度	A	3
	外国語表現の能力	B	
	外国語理解の能力	B	
	言語や文化についての知識・理解	B	

2021年度から評価の「観点」が3つに変わる！

	観点別学習状況	評価	評定
教科	知識・技能	B	3
	思考・判断・表現	B	
	主体的に学習に取り組む態度	C	

ここをAにすることが内申点アップのコツ

観点別評価

A　十分に満足できる

B　おおむね満足できる

C　努力を要する

評定

5　十分に満足できるもののうち特に程度の高いもの

4　十分に満足できる

3　おおむね満足できる

2　努力を要する

1　一層努力を要する

コラム　「自律ノート」はこうして生まれた

どうして私が塾で「自律ノート」を使うようになったのか、自律ノートが生まれたきっかけについてご紹介します。

わが家の長男が小学校3年生のときのこと。テストの点数が50点前後に下がってきていました。

私の経験上、小学校3年生の時期にこのくらいの点数をほうっておくと、そのまま下がり続け、中学生になったときの内申点は1か2ばかりになることが予想できました。

でも、親バカかもしれませんが、私から見てそんなに頭の悪い子でない。「これは何か原因があるはずだ」と思っていた矢先、私が体調を崩して自宅療養をすることになったのです。

自宅に一日中いて、家庭での妻と息子の様子を初めてゆっくり観察（?）できる機会を得ました。すると、長男が妻に小言ばかり言われているではありませんか。

朝、「早く起きなさい」から始まって、「早くご飯を食べなさい」「トイレは行ったの？」「歯磨きは？」「忘れ物ない？」「早く学校行きなさい」……。

長男が夕方帰宅すると今度は、「学校から渡されたプリントがない」「水筒や体操着を出してない」「お風呂に入りなさい」「片づけなさい」「いつまでゲームやってるの」「早く寝なさい」。

おそらく10種類くらいのことでしか母と息子の会話は成り立っていませんでした（この約10項目が、後の「自律ノート」の朝夕の行動記録になります）。

なんて気の毒なのだろう。指示か命令か確認しかない会話。もちろん、妻も忙しくて一生懸命なのもわかります。でも、そんな殺伐とした関係で、成績がよくなるわけがない、と確信しました。

ただ、親が言っても息子が動くはずはない。息子を動かすにはどうしたらいいのだろう。

考えに考えた末、生まれたのが「自律ノート」でした。

もちろん「自律ノート」を書いたからといって、一気に改まるわけではありません。息子もいまだに朝起こされたり、片づけられなかったりします。でも少なくとも、「自律ノート」はだれかに指示・命令されるのではなく、「自分で書く」ノートであることはたしかです。

そして何より、「自律ノート」で「先生の話を聞く」など、「主体的に動こうと意識する」ことはできます。

自分で考えて行動する土台をつくることができるのが、「自律ノート」なのです。

第2章

知らずに評価を下げていた「残念な習慣」

――家庭でできる内申点アップ作戦

親子でチェック！「内申点ダウン」チェックリスト

▼この項目で叱られなくなれば、内申点は上がっていく

まずはお子さんに当てはまると思う項目をチェックしてください。

家庭生活編

解説は97ページ

- □ ❶やるべきことより、遊びを優先してしまう
- □ ❷学校からのお知らせプリントを親に渡さない
- □ ❸テスト結果を隠匿する
- □ ❹洗い物（水筒や服など）をシンクや脱衣カゴに入れない
- □ ❺部屋の中が整理整頓されていない
- □ ❻カバンの中がグチャグチャ
- □ ❼よく物を探している
- □ ❽学校のしたくを朝にしている

- □ ❾ 朝、自分で起きない
- □ ❿ 夜、遅くまで起きている
- □ ⓫ 親がせかさないと行動しない
- □ ⓬ お手伝いをしない

学校生活編

解説は108ページ

- □ ❶ キライな先生の科目の内申点が低い
- □ ❷ 生活ノート（毎日学校に出す日記のようなノート）を提出していない
- □ ❸ 字が雑
- □ ❹ 学校の宿題の答えをよく写している
- □ ❺ テスト週間に提出課題をあわててやっている
- □ ❻ 忘れ物をよくする
- □ ❼ 朝、あわてて学校の宿題をやっている
- □ ❽ 今日の学校の時間割が思い出せない
- □ ❾ 今日のホームルームで先生が言っていたことを思い出せない

□ ⑩ 小テストがいつ、どの範囲で実施されるか知らない
□ ⑪ なかなか勉強を始めない
□ ⑫ ダラダラと勉強している

性格編

解説は125ページ

□ ❶ 納得のいかないことがあると、よくすねる
□ ❷ 納得のいかないことがあると、よく人をにらむ
□ ❸ 納得のいかないことがあると、よくいじける
□ ❹ 自分の落ち度をよく人のせいにする
□ ❺ 笑顔が乏しい
□ ❻ マジメすぎる
□ ❼ 親と会話がほとんどない、挨拶がない
□ ❽ ちょっと注意するとすぐキレる
□ ❾ 「でも」「だって」が多い
□ ❿ 何かにつけて親のせいにする

家庭でできる内申点アップ作戦❶——家庭生活編

▼生活習慣・学習習慣が整えば、成績は上がりだす！

家庭生活と内申点アップは密接にかかわっています。

朝は自分で起きることができ、食事時間が一定だったり、家族のなかで自分の役割（⑫お手伝い）が決まっていたりなど、**生活リズムが整っていれば、それだけで学ぶベースが整います。**

生活習慣は一見、勉強とは関係ないものと思いがちですが、決まった時間にごはんを食べない、片づけられない、時間を守らない等は全部勉強につながっているのです。

▼時間管理ができる子どもは成績がいい理由

「❶やるべきことより、遊びを優先してしまう」「⑪親がせかさないと行動しない」というお子さん。

テスト週間に提出課題をあわてててやっていませんか。このようなお子さんは、学校の課題や宿題をどういう順番で終わらせていくのか、効率のよい段取りを理解できていない可能性があります。

提出期限から逆算して、どのくらいのペースで進めれば、余裕をもって提出できるか。このような広い意味での時間管理ができないと、常にギリギリであわてることが多くなります。あわてることが増えれば、忘れ物が増え、授業態度も落ち着かなくなるという悪循環に陥ります。

もっとひどくなると、「なんで時間を（提出期限を）守らないといけないの？」と言いはじめ、先生からの信用まで失います。

私の塾がある愛知県豊川市の場合、テスト前の提出物は5教科合計で150～200ページほど出されます。こんな量をテスト前の1週間で丁寧にやって、やり直しもして内容も頭に入れるなど、とうてい無理です。

つまり、**逆算した時間管理が大切**なのです。

塾生にすすめているのは**「定期テストの1週間前、テスト範囲表が配布されるまでに、テスト範囲表に書いてある課題がすべて終わっているペース」**です。

そのために、まずテストの提出課題の総量を把握して逆算していくのです。「今日は漢字ノートを何ページ」「明日は数学のワークを何ページ」……というふうに片づけていきます。

テスト1週間前にテスト範囲表が配布されたら、ひたすらテストの点数を上げることに集中する勉強をしていきます。時間管理ができなければ、この余裕は生まれません。

▼自律ノートを使って、やるべきことを「見える化」させる

いくらお母さんが「○○の勉強しなさい」と言っていても、聞く耳を持ってくれません。そこで使っていただきたいのが、巻末にある「自律ノート」です。

誰だって親にガミガミ言われるのはイヤですよね。やるべきことをやらずについゲームをしたりして遊んでしまう子は、実は不安だから遊ぶのです。

私もそうでした。帰宅して、食事と入浴とトイレと睡眠以外はゲームをやり続けるゲーマーでしたから、遊ぶ子の気持ちはよーくわかります。

やるべきことの正体が見えていないと、壮大な量をやらなければならないと思い込んでしまい、その現実から目をそらすために遊んでしまう。

でも、やることをやったあとのほうが絶対にゲームは楽しめるのです。親からは何も言われないし、頭が痛くなるまでゲームができます（笑）。

大人であれ子どもであれ、遊びたい気持ちは同じです。でも、遊びたいならなおさら、やることをやってから遊んだほうがずっと気持ちいいよ、と教えてあげてください。

そこで、「自律ノート」の登場です。まずやるべきことから目をそらさず、直視する。自律ノートの**「明日の学校の時間割」**や**「本日のMUST《マスト》」を書くことで、やるべきことを「見える化」する**のです。すると、意外や意外、それほど大したことではないことがわかります。

「今度のテストの範囲は◯ページくらいまでだから、1日◯ページやったら終わる」とわかると、「なーんだ、そうか」となります。見える化することで負担が軽くなり、勉強に取り組みやすくなります。

ここは親御さんが**叱ってはいけない**ところです。

正体の見えないものから目をそらしているお子さんに対しては、こんなスタンスで接してください。

「絶対に怒らないから確認してみよう。一緒に解決策を考えるから」

自律ノートは親御さんがガミガミ言わなくても済むツールでもあるのです。

▼なぜ生活リズムと整理整頓が大切なのか

「❷学校からのお知らせプリントを親に渡さない」「❹洗い物をシンクや脱衣カゴに入れない」「❺部屋の中が整理整頓されていない」「❻カバンの中がグチャグチャ」「❼よく物を探している」「❽学校のしたくを朝にしている」「❾朝、自分で起きない」「⓫夜、遅くまで起きている」「⓬お手伝いをしない」……。

冒頭でもお話しした通り、家庭での朝夕の行動が整うこと、そして整理整頓ができるようになることで、内申点は確実に上がっていきます。なぜなら、内申点もテストの成績も「学校の先生からの情報をいかに積極的に自分に生かしていくか」につながっているからです。

自分の生活リズムと整理整頓を改めることが、情報の処理速度を上げることにつながります。私が「自律ノート」をつくったきっかけはここにあります。

第1章のコラム（p. 90）でもお話しした通り、「早く起きなさい」「早く寝なさい」「片づけなさい」など10種類くらいでしか母と子の会話が成り立っていないことに気づいたことから、「自律ノート」は生まれました。

「自律ノート」を通して親御さんが子どもに指示・命令・確認することがぐんと減り、親子関係が変わるので、塾生のご家庭からは、「親子ゲンカが減った」と喜ばれます。

また、**子どもに干渉することが少なくなり、自律につながるため、「子離れするツール」にもなっています。**

よく、**「朝ごはんを食べることが大切」**と言われます。学校など教育の現場でもよく耳にすることです。なぜ大切なのでしょうか。実は、健康のためとか、子どもの成長のためだけではありません。

「朝ごはんをきちんと食べる家庭環境」が大切なのです。

朝ごはんを食べるご家庭の子どもの学力は高い傾向にあると言われており、**文部科学省のデータでも、学校に行く前に朝食をとる家庭は、とらない家庭と比べて、主要5教科のすべてにおいてペーパーテストの点数が高い**ことがわかっています。

それは栄養の問題よりもむしろ、生活習慣に起因していることが大きいと私は見ています。**毎日決まった生活リズムが整っていることで、学ぶベースができている、**ということなのです。

▼ものを整理すれば、頭の整理ができるようになる

生活環境は勉強と関係ないものと思われがちですが、大いに関係があります。

カバンの中がグチャグチャの子や、部屋の中が整理整頓されていない子の成績は低

い傾向にあります。これは、勉強の本質です。

勉強は情報だとお伝えしました。**情報が整理されていないということは、頭の中の情報もグチャグチャだということです。文字や、ものの扱い方だけでなく、情報を丁寧に扱うことも、内申点アップの大切な要素です。**

塾では「ファイリング力＝学力」と指導しています。勉強というのは、結局のところ「情報の扱い方のうまさ」です。

学校からのプリントがなくなってしまったり、カバンの下のほうでグチャグチャになっていたり、忘れ物が多かったりするのも、すべて情報の扱い方が雑だからです。目に見える形あるものの整理さえできないのに、情報という形のないものを整理できるわけがありません。

情報の扱い方のうまさは、大きいものでは部屋の様子やカバンの中で、細かいものではプリントや教科書・問題集の四隅の様子で見ることができるのです。

お子さんのカバンの中身をチェックしてみてください。そして、部屋が整理整頓されていなければ、ぜひ親御さんも協力して片づけを手伝い、「集中できる環境」に変えてあげてください。

「ものがあるべき場所に収まっている環境」は、それだけで勉強する子どもにとって大きなアドバンテージになります。

こんなことをお話ししている私も先日、受験を前にして息子の部屋を一緒に片づけました。内申点アップ請負人として、またひとりの親として、環境の持つ力は想像以上に大きいと断言できます。

もらったプリントがきちんとファイリングされていること（クリアファイルにはさんであるだけでOK！）、カバンの中を整理整頓すること。自分の部屋や勉強をする場所が、何がどこにあるのかいつも明確であること。学力を上げたいなら、情報とものの整理をしましょう。

「学校からのプリントを全然渡してくれません。どうすればいいでしょうか？」という質問もよく受けます。

ぜひ**学校からのプリントを置いておく「定位置」を決めておきましょう。**

先述したように、学校からのプリントは自分で決めたクリアファイルにはさんで持ち帰ります。帰宅後にそこから取り出して定位置に置きます。

ダイニングキッチンやリビングのテーブルの上など、親御さんが必ず目にする場所がいいでしょう。

定位置はお子さんにも考えさせて、学校から帰ってきたら必ずそこにプリントを置くというルールにしたうえで、プリントを置いたら伝えることを徹底しましょう。

▼親はテスト結果を責めないで、未来にエネルギーを回しましょう

「❸テスト結果を隠匿する」

学校でテストを返された瞬間、点数を隠す子がいます。子どもがテスト結果を隠すのは、多くは結果を見せるのが恥ずかしいからです。

塾生でも、テストの点数が書いてある部分を三角に折って隠す生徒がいます。

そんなとき私は、「なんでせっかく頑張ったのに、隠さないといけないような点をとるの？　それは頑張っていなかったってこと？」と聞きます。

人に見せられないようなテストをまた受けるのか？　なぜ堂々と見せられるところにゴールを定めないのか？　そして、「三角に折らないで、びっくりさせるような点数を見せてよ」と付け加えます。

「結果を見せると怒られるから（隠す）」と言う子もいます。

親御さんが怒りたくなる気持ちはわかりますが、**「なんでこんな点数なの？」（過去）ではなく、「どうすればいいか？」、未来のことにエネルギーを注ぎましょう**。

テストの隠匿がなぜ内申点に関係しているかと言うと、「こそこそと隠す」という行為自体が、心証が悪いからです。テスト勉強を頑張ってもいないのに、恥ずかしいから隠す。ならば最初から頑張ろうよ、と言いたいのです。

頑張りもせずに後悔をしている。それで本当に評価を受けようとしているのでしょうか。自分を高めようという気持ちをもち、くやしければどうすればいいのか考えるべきではないでしょうか。

家庭でできる内申点アップ作戦❷——学校生活編

▼勉強以外にも「魅せる」ところはたくさんある！

授業や提出物や勉強習慣など、内申点にダイレクトにつながる学校生活にかかわる内申点アップの方法を紹介しましょう。

▼「嫌いな先生の科目の成績が低い」の克服法

「❶キライな先生の科目の内申点が低い」というケースが多々あります。

「好きな先生の科目の内申は上がりやすい」という話をしましたが、逆もまたしかり。得意科目から上げていくのは鉄則ですが、最終的には苦手科目にも向き合わなければなりません。子どもはなかなかやりたがらないかもしれませんが、苦手科目の「主体的に学習に取り組む態度（旧：関心・意欲・態度）」がCだった場合は、親御さんにもできることがあります。

「先生から見て、関心や意欲が低いって評価されてるということだよね。ちょっとこれはまずいから、なんとかしよう」

Cという結果として出てしまっていると、子どもとしても納得せざるを得ないでしょう。

実例を挙げましょう。前に通知表でご紹介した中学1年生のD君も美術が大の苦手。美術の授業がある日の朝はため息。「主体的に学習に取り組む態度（旧：関心・意欲・態度）」は当然C、評定は「2」でした。

小学校の図工までは楽しかったのですが、中学になって急につまらなくなり、それゆえに美術の先生のこともあまり好きではないようでした。そこで私の話を聞いたお母さんが、美術の授業がある前日に、必ず声をかけるようにしました。

「どんなに下手でもいいから一生懸命やってみよう」

気持ちを入れ替え、一生懸命に授業を受けるようになったD君。新聞でつくるオブジェづくりでは、時間はかかったものの、最後までいいものをつくろうと頑張ったそうです。

その結果、次の学期で「主体的に学習に取り組む態度（旧：関心・意欲・態度）」がC→Aに！　内申は2→3にアップ！　これにはD君本人もお母さんもびっくりです。

美術だけでなく副教科については、才能やセンスに左右されます。私も美術が大嫌いでした。でも、**才能やセンスをアップするのは難しくても、関心や意欲を見せることは可能なのです**。

人間ですから、まったく興味・関心がない科目があるのは仕方のないこと。ただ、学校という集団生活で授業を受ける立場として、最低限のマナーを守ろうよ、と伝えましょう。つまらなそうにしたり、やる気がなさそうにしたりするのは、マナー違反です。

苦手だし下手だけど、苦手なりに工夫する姿勢を見せたり、準備や片づけを積極的にしたり、一生懸命やることです。

その姿勢さえ伝われば、どんなに才能やセンスがなくてもD君のように3まではもらえるでしょう。

内申点アップにつながる「生活ノート」の書き方

中学生になると「生活ノート（名称は学校によって違います）」を使います。

これはいわゆる「連絡帳や日記の中学生版」のようなもので、毎日の時間割とともに、「今日の記録」というような項目があり、生徒が書いたものに、担任の先生がコメントをつけて返してくれるものです。

これが「❷生活ノートを提出していない」「❸字が雑」になっていませんか。

面倒くさがって雑に書いていませんか。

生活ノートは先生の心証をよくするいちばん大切なツールです。このことをまず、お子さんに伝えてあげてください。

生活ノートは子どもが自己開示をする場所にもなっていて、先生が生徒ひとりひとりを把握するのに大変役に立つのです。

「この子は意外に頑張っているな」「こんなふうに考えているんだな」などということが文章や字から読み取れるため、とくにおとなしくて、普段から先生とコミュニケーションがとりづらい子は、活用することをオススメします。先にもお伝えしましたが、「生活ノート」は担任以外の先生にも共有されています。

塾生で実際にあった例で、体育が1になってしまった子がいました。担任は体育の先生ではなかったのですが、私は「とにかく『生活ノート』に体育のことを書いたほうがいいよ」とアドバイスしました。

するとある日、生活ノートに体育の先生から「そういう心がけで頑張っているんだね。これからも頑張れ！」とコメントが入っていたのです。先生たちは常に職員室で生徒たちの情報をシェアしていると考えておいたほうがいいでしょう。

逆に、「生活ノート」に変なことを書いてしまうと「この生徒は今、要注意ですよ。先生の授業でも注意してください」という情報も共有されているのです。

「生活ノート」は内申点アップにつながるメリットも大きく、毎日提出するという学校のルールでもあることを、ぜひお子さんに理解させてあげてください。

▼「字を丁寧に書きなさい」と叱るのは逆効果

「❸字が雑」について、字を丁寧に書くことの大切さについては繰り返しお伝えしました。もっとも家庭で取り組みやすく、もっとも成功率が高いものでしたね。

おさらいになりますが、子どもに**ただ「丁寧に書きなさい」と言っても、「丁寧」がわからなければ字は変わりません。**「丁寧」とはどういうことか、具体的に示してあげる必要があります。

雑な字と丁寧な字、その中間の字を書いて見せ、「どの子の字が成績がいいと思う?」と聞いてみましょう。

このとき、「雑な字」を選ぶようなら、ちょっとひねくれているかもしれません。「雑な字」と答えた子には、私は決して感情的にはならず、こんなふうに言います。

「そう思うんだ。ふーん、それはちょっと寂しいよね。もっとよくものを見たほうがいいよ」「わざと言っていない？　雑なほうがかっこいいと思ってる？　中二病ですか？」とプライドをくすぐったり、大人の目で痛々しそうに言ったりします。そうすると子どもは、とても恥ずかしそうな顔をして、結果的に字を直してくれます。

丁寧な字を見てイメージさせ、できるだけその字に寄せるようにするのです（字を丁寧に見せるコツは、p.56「提出物のクオリティアップ」の項参照）。

親御さんは、教えっぱなしで中途半端なところで終わらせず、必ず「書けた！」というところまでつきあってください。

丁寧な字が書けたら、「ほら、できるじゃない！　今度からは意識して書いてね」と、ほめてあげましょう。

▼「宿題の答えを丸写し」への対処法

「❹学校の宿題の答えをよく写している」というお子さんはどうすればいいでしょ

うか。

学校の宿題や定期テスト期間中の提出物の答えを写しているだけでは、身にもなりません。入塾する前に、このような状態のお子さんはたくさんいます。そんなとき、私はこう言います。

「遊ぶ時間をわざわざ削って答えを写しているなんて、もったいないよね。写さなくても済むようなやり方の工夫をしたほうが、遊びに集中できるし、先生からも評価されるし、何より楽だよ。やってみない？」

ただ、「写してでも宿題や提出物を出そう」という気持ちがあるのは、すばらしいこと。テスト前で時間がないから写す、あるいは問題を解くのが面倒くさいから写すのでしょう。

先にもお話ししたように、答えを写しているかどうかは、プロである先生が見れば、ひと目でわかります。

毎日少しずつ課題をやっていたら、テスト前にあわててまとめて写す必要はなくなります。もし**「答えがわからない」のであれば、赤字で誠実に丁寧に写す**ことです。

先生は提出物から、正解と不正解がどのくらいあるかなど見ていません。授業をしていれば、だいたいその子がどのくらい正解できるのかはわかっているからです。丸写ししていた塾生に、わからない問題を赤字で丁寧に写すことを伝え、そのうえでテストに出そうな重要な問題だけ指導したところ、トータルで内申点が9も上がったケースもあります。

▼「途中経過」に価値をおいた声かけを！

「❺テスト週間に提出課題をあわててやっている」「❿小テストがいつ、どの範囲で実施されるか知らない」……。

内申点アップにもっとも必要なのは、「習慣」です。それも、よりよい習慣を積み重ねること。

家庭生活にもつながりますが、**最大にして最初の関門となるのが、「毎日机に向かうこと」**。

第二の関門は、「やってもダメだった」と心が折れないこと。テストの点数は急には上がらないですし、範囲や問題の難易度によっても上下するからです。

習慣を完全に変えるためには、早くても数カ月の時間がかかります。

〝できる〟ようになるまであきらめることなく、〝行う〟努力を継続できるように、今この瞬間、目の前にいる子どもに必要な言葉を投げかけ続けること。親御さんの応援と、適切な言葉がけが効果的なのです。

結果よりも、途中経過に注目して声かけを続けます。私が塾で実際にどんな言葉をかけているのか、紹介しましょう。

テストの点数を見て、「なんでこんな点数だったのか」と怒っていませんか。先ほどもお伝えしたように、もう終わってしまった過去について文句を言っても始まりません。「どうすれば目標の点数になるか」にフォーカスしましょう。

塾では、**「なんでできないの」ではなく、「どうすればできるようになると思う?」という問いかけをします。**

「なんでできないの?」と怒っても、できないから苦しんでいるのだし、サボるのです。どうすればできるようになるかを一緒に考えてあげること。そうすれば、少しずつ確実に上がっていくはずです。

ダイエットと同じです。ひとりだとくじけてしまう。でもいつもそばでアドバイスをしてくれたり、見ていてくれる人がいれば、継続できるのです。

塾では、「提出物出して！（怒）」と感情的になるよりも、「怒らないからさ、どうして出さないの？」と腰を据えて話します。ここはぶっちゃけトークで本音を引き出したうえで、提出物を出すとどういうメリットがあるかを納得するまで話すようにしています。

お母さん、お父さんからすれば、今までは、サポートしてあげたい気持ちはあってもノウハウや知識がないから、つい感情の対立を招く物言いになってしまっていたのではないでしょうか。

ここは「親」ではなく「コーチ」の感覚で！

箱根駅伝で大活躍をしている青山学院大学の原晋監督は、決して選手を怒ることなく、体育会らしからぬ指導法で知られています。厳しく怒ることでは伸びないのです。

▼「忘れ物」を注意するより効果的な方法

「❻忘れ物をよくする」という子は、とくに声をかけるだけでは動かないことが多いものです。どうしても抜けてしまうことがあるのです。

翌日の準備を今日のうちにするという習慣がないだけなので、親御さんは焦らず声をかけ続けましょう。

私がオススメするのは、**時間を区切る方法。「〇時〇分までに準備する」と明確に宣言して、終わったらチェックすることです。**

また、巻末の「自律ノート」を使う方法もあります。**翌日の時間割を書く欄があるので、「自律ノート」を見ながら翌日の準備をするのです。**「自律ノート」を書いているときは、まだ筆記用具が机の上に出ている状態でしょうから、勉強が終わったら、翌日の準備に移りましょう。

「○時○分までに準備する」と時間を区切るのが難しい場合は、具体的に準備をするタイミングを決めてしまいます。

たとえば、「帰宅して疲れてくつろいでしまう前」とか、「夕飯を食べてお風呂に入る前」など。**一日の流れのなかに組み込むと、習慣化できますよ。**

▼「主体的に学習に取り組む態度」を身につけるには

「❼朝、あわてて学校の宿題をやっている」
「❽今日の学校の時間割が思い出せない」
「❾今日のホームルームで先生が言っていたことを思い出せない」
「❿小テストがいつ、どの範囲で実施されるか知らない」

この項目にチェックがついたお子さんは、内申点でも非常に重要な、「主体的に学習に取り組む態度」が身についていません。「自律ノート」を使って、解決しましょう!

朝、あわてて宿題をするということは、前日遊んでしまっているということですよね。これは「本日のMUST」の項目を使って、学校の宿題をその日のうちにやることを再認識させます。

朝、学校の宿題をやる子のなかには、塾の宿題が多すぎて、学校の宿題を朝やることになってしまう子もいます。そもそも学校の成績をよくしようと思って塾に通っているはずなのに、これでは本末転倒です。

「今日の学校の時間割」や、「今日のホームルームで先生がおっしゃったこと」も、自律ノートに項目がありますから、ぜひ活用してください。

そもそも今日の時間割が思い出せないのに、授業内容が頭に入っているわけがありません。

たとえば、「音楽」で「どんな内容を習ったの？」と聞くと、「歌！」とだけ答える子がいます。「数学」では「なんかの計算！」とかね（笑）。

このとき、会話を終わらせず、「『歌』って何？」「『計算』って、なんの計算をしたの？」などと質問する必要があります。

「ホームルームで先生がおっしゃったこと」がとても重要なことは、すでにお話ししました。

繰り返しになりますが、「小テストの予定」を知らないということは、すべての小テストがお子さんにとっては抜き打ちテストのような感覚になってしまっている、ということです。

小テストの予定を知らないということは、授業を真面目に聞いていないことにつながります。これも自律ノートの「明日の学校の時間割」や「明日の学校での動き」の項目を使って、確認できるようにしておきましょう。

▼自分から勉強する子に変わる親の習慣

「⓫なかなか勉強を始めない」

「⓬ダラダラと勉強している」

こういうお子さんの場合、やるべきことから逃げてしまう癖があるか、あるいはルールとして決まっていないかのどちらかです。

とはいえ、「宿題しないとゲームをさせない」などと一方的なルールを押しつけるのではなく、放任するのでもなく、親はコーチ（あるいは伴走者）のスタンスでいきましょう。

まずは〝やる習慣〟をつけてあげることからスタートです。

毎日やらないことを毎日やる習慣にすること。

言うのは簡単ですが、実践するのは難しいものです。塾の場合は、まわりに勉強をしている子がいて、場の雰囲気が違う。そこがメリットでもありますが、家庭の場合はひと工夫が必要です。

最初は親の目に届く範囲で勉強をさせたほうがいいでしょう。

「ここに座ったら絶対にやらなくてはいけない」とか、「勉強中はこの音楽を流す」など、**勉強するためのルーティンをつくる**といいでしょう。

ただし、親が勝手にルールをつくるのではなく、「こういうルールにしてもいい？」「こういうふうにすると集中できると思うんだけど、やれそうかな？」などと聞いて、必ずお子さんが「ＹＥＳ」というものにしてください。

小さなＹＥＳを重ねて「毎日勉強する」という大きなＹＥＳを勝ち取るというわけです。

ダラダラと勉強を続けて、いっこうに身が入っていないのは、ゲームやスマホなどの誘惑に負けて気が散っている可能性があります。

気が散るものをまわりに置かないように環境を整え、勉強のゴールを決めましょう。

勉強のゴールは「ページで区切る」「時間で区切る」の２種類あります。

キッチンタイマーなどを使って「〇時〇分までやる」と決めるか、「〇ページまでやる」と決めるか。やりやすいほうでやってみましょう。

家庭でできる内申点アップ作戦❸——性格編

▼親の「ポジティブな言葉」が、子どもの「ポジティブな心」を引き出す

最後は性格編です。性格は、幼いころから積み重ねられた家庭環境が大きくかかわっています。それだけに、親御さんが意識をすれば、確実に変わっていく可能性も高いのです。

▼「イジケムシ」「ニラミマン」「スネゴン」は3大モンスター

「❶納得のいかないことがあると、よくすねる」
「❷納得のいかないことがあると、よく人をにらむ」
「❸納得のいかないことがあると、よくいじける」

塾では**「内申点ダウントリオ」**というキャラクターをつくって、生徒に見えるよう

に置いています。それが「イジケムシ」「ニラミマン」「スネゴン」。

すぐいじける子、怒ってにらんでくる子、すぐすねる子です。

「こんな態度、表情を先生の前でとった瞬間、内申が下がるよ」と伝えています。

この3つは、ひとことで言えば、自分の努力不足を人のせいにする表情です。「自分は悪くないのに」という気持ちがどこかにあるのです。

このような表情をする子は、家庭での親子の会話で、親に責められたり怒られたりしている可能性が高いのです。

「どうしてできないの？」「なんでこんな点数とってきたの？」などというように。

塾では、生徒がテストを持ってきてくれた時点でまず、**「持ってきてくれてありがとう」**と言います。もし、満足できない結果だったとしても、**「どうしたらいいと思う？」「次はどこを心がけたらよくなると思う？」**とポジティブな**言葉がけ**をします。

ご家庭でも、**感情的にならずに冷静に未来に向かった言葉がけをしていくようにすると、前向きにとらえてくれるようになり、「イジケムシ」「ニラミマン」「スネゴン」**

は顔を出さないようになります。

❾「でも」「だって」が多い、❿何かにつけて親のせいにする場合も同じことがいえます。

学校の先生はなかなかそこまでひとりひとりにかかわる余裕がありませんから、家庭が「失敗しても大丈夫」と思えるような、安心感を持てる場所だといいですね。

▼笑顔が乏しいと、人から情報を受け取りづらくなる

「❺笑顔が乏しい」

「❼親と会話がほとんどない、挨拶がない」

笑顔が見られると、単純に心証がとてもいいですよね。

また、**笑いと頭の回転には相関関係がある**と思います。人を笑わせたり、あるいは笑わせようとしたことに対して笑ったりすることは、脳がかなり働いていないと成立しないでしょう。

先日、塾で子どもに「急に違う話題をふる」という実験をしてみました。学校の話をしているときに、「ところで、今日の晩ごはんなに?」という具合です。

しばらく固まってしまう子が多いのですが、笑顔のある子は、すぐ返せるのです。

つまり、機転が利く、切り替えができるのです。

たとえば、数学の勉強のあとに社会の勉強をするとき、「考える科目」から「覚える科目」に切り替わり、脳は全然違う働きをしています。入試当日もそうです。受験科目が時間で区切られ、次々に変わります。そういうときに、切り替えができるかどうか。また、どんな話題をふられても切り返せるのは、度胸がすわっているともいえます。これは面接のときにも有利です。

コミュニケーションのとり方がうまくなるほど、内申は上がると言っても過言ではありません。お子さんが人から話しかけやすい子、いじられやすい子であれば、かなり得をしていると思っていいでしょう。

お子さんが明るいキャラクターなら、どんどん先生にいじられに行ってください。

いじられてなんぼです。先生とコミュニケーションがとれている子は、情報も得やすくなります。

笑顔が乏しいと、人から情報を受け取りづらくなるのです。

ただし、コミュニケーションが苦手なお子さんに「もっと先生とコミュニケーションをとりなさい」と言っても苦しくなるだけ。**その子のキャラではないところを伸ばそうとしないことです。**

▼笑わせて、ポジティブな反応を引き出そう

無愛想な子や、❻真面目すぎる子はどこで傷つくかわからないため、大人（先生）はなかなかいじることができません。いじられたことで自分が否定されたと思う子もいます。❽ちょっと注意するとすぐ「キレる」のは投げかけ方の問題でもあります。できるだけ柔らかい言葉で、しかも堂々と笑顔で接すれば大丈夫！

思春期独特の口数の少なさや不機嫌に対しては、少しずつ開拓していくしかありません。

不機嫌なのは、普段からコミュニケーションが少ないから。**とくに男の子は、学年が上がるにつれて口数が少なくなっていくので、どんなに無反応でもボールを投げ続けることが大切です。**

どうしたらポジティブな反応が返ってくるのか。**笑わせてでもいいから、ポジティブな反応を引き出す**のです。

塾でもこういった子に対して、なんとかして笑わせようとします。

もちろん、すべることもありますし、面白いことを言ってもまったく笑わない子もいます。そんなときはすべったことを逆手にとって、「わー、引いたわ、今〜」などと言うと、たいていは「仕方ないな」という感じで笑ってくれます。

笑いにもっていくためには、自虐ネタが有効です。自分の中学生時代の失敗談など、かっこ悪い話をたくさんします。

お母さん、お父さんも、どんどん失敗談を話して、子どもを笑わせましょう。

私の鉄板ネタを紹介します。

「私も中学時代、提出物を出すのはご機嫌とりだと思って一切出さなかったんだけどさ。テストの成績はよかったのに内申27までしかとれなかった」

「大人になって営業マンになっても、『会社の方針なんて多少無視しても、売れればいいんでしょ』ってやっていたら、上司に嫌われてボーナスが1万円になっちゃったよ。塾長は35歳で気づいたけど、君たちはいつ気づく?」（前述したように、実話です）

これに対して、「お父さんの子どものころはクラスで成績が1番でさ〜」などといった自慢話はまったく効果がありません。

大人になると、自分だって子どものころに勉強せずに遊んだりさぼったり、ダメダメだった経験があるくせに、まるでなかったかのように自分のことを棚に上げてしまうことがあります。自分だってたくさん失敗して、イヤな思いもしてきたはず。それを話さないのはもったいないですよ。

「ほら、お母さん（お父さん）もバカだったでしょ。面白いでしょ。だから大丈夫だよ」

そんな気持ちで話すのが、思春期のお子さんとの距離が近づくポイントです。

▼弱点にフォーカスしない。改めていくなら1個ずつ

内申点がダウンするチェックリストの結果を見ると、「あれもできていない、これもできてない」と、お子さんの「できないこと」に目がいってしまうかもしれません。それぞれ改善方法を紹介してきましたが、どうかいっぺんに改めようとしないでください。むしろ、一度に改まるわけがない、と開き直るくらいでちょうどいいです。

改めるとしたら、１つずつです。

苦手なことや弱点、短所など、「フォーカスするところを1か所だけにする」のが、この内申点アップ作戦がうまくいくコツです。

たとえば、「字を丁寧に書く」と決めたら、まずはそれだけ。

字が丁寧に書けるようになったら、「挨拶をする」。

挨拶ができるようになったら、「部屋の中を整理整頓する」。

1つずつ、少しずつ、です。

コラム　賢い親は先生の感情を推し量る

ここでは、親御さんに気をつけていただきたい学校とのつきあい方についてお話しします。

先生は大変な仕事です。先生に忖度《そんたく》せよとまでは言いませんが、朝早くから夜遅くまでブラック企業顔負けの激務をしている人に対して、夕方以降に電話までして「うちの子の上履きがない」だの、「プリントをなくしたから再発行してくれ」だの、「あの子とクラスを分けてくれ」だのという行為は慎んだほうが賢明です。

もちろん、いじめなどの重要な問題は別ですが、基本的に現場の先生と子どもたちに任せるべきでしょう。たとえ親でも、現場にいない限り部外者だからです。

残念ながら、子離れできていない親御さんの子どもは、内申点が上がりづらいという現実があります。

私も含め大人である保護者は、「自分の今の態度が相手に対してどんな印象を与えているか、相手はどう思うか」。それを考えて行動しなければなりません。

私が見て思う、やりがちな保護者のNG行動は、「学校を責める」ことです。最近の例で言えば、コロナ禍で多くの学校行事が延期・中止になったり、オンラインに切り替わったりしました。それに対して、「なんで中止にするんですか?」「なんでもっと早く整備できないんですか?」などというケースです。

学校という組織のなかで、先生もさぼっているわけではありません。個人の行動だけでなんとかなることも限られています。先生の味方をするわけではありませんが、「大変ななか、一生懸命やっている」という相手の立場を慮《おもんぱか》ること、親がそれをできないで、どうして子どもが思いやりのある子になれるのでしょう。

親は、もっとも近しい部外者として、子どもの家庭での生活面や心身の健康のために力を尽くすことです。

第3章

タイプ別 成績向上プログラム

――営業タイプか事務タイプかで戦略は違う！

わが子は、どんなタイプ？

▼その子のタイプに合った内申点の上げ方があった！

第3章ではお子さんのタイプ別の成績アップの方法を紹介します。その子のタイプに合った内申点の上げ方も伝授します。

なぜ子どものタイプを知ることが大切かというと、お子さん自身では自分のことはわからないからです。大人でも自分のことは意外とわからないものですよね。

親御さんが、「あなたは○○タイプだから、これが向いているんじゃない？」と言ってあげるだけで、ピグマリオン効果でその気になってしまうことがあります。

実際にあった話で、塾生で何タイプなのか判断できなかった子がいました。なんとなく雰囲気から、「君は○○タイプだから、社会の勉強をするのが向いているんじゃない？」と言ったところ、本当にメキメキと社会ができるようになってしまったのです。

タイプ別の説明を見てお子さんのタイプがわからない場合でも、大丈夫。「あなたにはこれが向いていると思うよ」と、ふわっとしたことだけでも言ってあげると、喜んでやってくれますし、上手に使っていただくと、勉強のモチベーションが上がりますよ。

ステップ1 ← お子さんの性格から、「営業タイプ」か「事務タイプ」かを判断します。

ステップ2 ← お子さんがどの教科が比較的得意か、あるいはどんな作業が得意かによって「言語系」「記憶系」「直感系」かを判断します。記憶も強いけど直感も強いなど、ミックスタイプもありますので、その場合は両方見てください。

ステップ3 ステップ1で選んだタイプとステップ2で選んだタイプが交わったところが、お子さんのタイプです。（例：「営業タイプ」で「言語系」なら、「言語系営業タイプ」）。

	言語系 英語か国語が強い	記憶系 理社や漢字等の暗記が強い	直感系 計算が異様に速い
営業タイプ 一夜漬けも辞さない短期決戦型	言語系営業タイプ	記憶系営業タイプ	直感系営業タイプ
事務タイプ 毎日コツコツ長期的に努力する	言語系事務タイプ	記憶系事務タイプ	直感系事務タイプ

営業タイプ（点数先行型）

▼ここに気をつければ、内申オール4以上を狙える！

営業タイプによく見られる性格は、人と話すときに物怖《ものお》じしない子です。ニコニコと愛想よく話せたり、人前で発表することなども堂々とやります。

自分の成果（とくに数字で表れるもの）には人一倍こだわるタイプです。数字に直結しそうなものに敏感なので、定期テストにすごくこだわります。いわゆる点数先行型。もともと、勉強という作業に慣れている分、成長が早いタイプです。

ただし、**能力の高さや数字に対するこだわりゆえに、日々の習慣や、先生との関係性を軽視しがち**。器用なだけに、いい加減にやってしまったり、人から言われることを軽く受け流してしまったり、感情が表情に出やすいところがあり、**内申点で損をすることがあるので注意が必要です**。

また、まわりから嫉妬されることがあるので、先生や周囲と軋轢《あつれき》を生まないように

「調子のいいことを言わない（自慢しない）」「字を丁寧に書く」「スマイルを絶やさない」など、意識して人当たりのよさや丁寧さ、コツコツやることをアピールするといいでしょう。

ほめるとどんどん伸びるので、得意科目を伸ばし、できないことは後回しにしてあげましょう。「まだ大丈夫だから」と言うと、頑張ってくれるタイプです。

努力しだいで、５教科合計４００点以上、内申オール４以上を狙える素質を持っています。一度はひたむきに努力してみましょう。

▼言語系営業タイプのお子さんへのアドバイス

実はこのタイプにはあまりお目にかかりません。営業タイプは基本的に器用で、チャチャッと片づけられるため、英語や国語などのコツコツした努力が必要な科目が得意な子には少ないのです。

言語系（英語や国語）はいちばん伸ばしづらい教科なので、悪く言うと、これ以上点数が伸びにくい、つまり内申も上がりにくい可能性もあります。

結果がすぐ出にくいので、根気強さが必要。あきらめずに得意科目をできるだけ伸ばし、得意科目の勉強法を苦手科目にも応用できるといいでしょう。苦手科目が平均点以上になる努力をすると、内申点が上がってきます。

▼記憶系営業タイプのお子さんへのアドバイス

暗記系が強い営業タイプ。短時間で集中してガーッと記憶ができるのが強みです。それだけに覚えたあとは一気に忘れてしまったり、飽きっぽかったりすることも……。

集中力はあるので、それが長く続くようになるとさらに成績がアップするでしょう。

覚えることが得意なので、定期テストなど範囲が決まっている場合には、苦手科目もお得意の記憶力を使って乗り切る方法もあります。ゲーム感覚で楽しみながら勉強すると飽きずに続けられます。

まずは、勉強時間を少しずつ増やし、集中力をキープできるようにしてみましょう。

▼直感系営業タイプのお子さんへのアドバイス

計算が速いなど、作業能力が高いタイプ。もっとも頭がよさそうな、器用そうなタイプです。ただし、器用すぎて先生から見ると努力の跡が見られず、調子に乗っているように見られたり、頭のよさを自慢しているように見えたりすることもあります。そうなるとテストの点数がよくても先生の心証が悪くなり、内申点に影響することがあるため、気をつけましょう。

勉強のスピードをアップさせるのは苦ではないでしょうから、課題を終了させるリミットを早めることをおすすめします。そして時間の余裕ができたところで、集中して勉強をするといいでしょう。

得意科目は常に80点以上はとれるようにすること。これがクリアできたら2番目の得意科目をつくれるようにする（1番目の得意科目が90点、2番目が80点を目標に）と、内申点がさらにアップします。

事務タイプ（内申点先行型）

▼得意科目をつくりさえすれば、持ち前の努力で苦手科目も徐々に伸ばせる！

コツコツとひたむきに努力ができ、結果が出なくても粘り強く頑張り続けられる性格です。テストの点数がそれほど高いわけではないにもかかわらず、内申点がオール3前後あるタイプです。

しかし、不器用でもあるため、オール3から得意科目をつくるのに時間がかかってしまいがち。得意科目さえつくってしまえば、持ち前の努力で苦手科目も徐々に伸ばせます。もっとも学校の先生が好むタイプです。

そして、真面目な分、寡黙だったり、表情が乏しかったりするケースもあります。努力を評価されやすい形にする方法（「魅せ方」）を知らない場合、学校の先生からとんでもない誤解をされている場合もあるので、注意が必要です。

親御さんに意識していただきたいのは、事務タイプは結果が反映されるのに時間がかかるので、途中で「やっぱりこの子はダメだ」とあきらめないでほしい、焦らないでほしいということです。

▼言語系事務タイプのお子さんへのアドバイス

コツコツ努力できる性格のうえに、国語や英語にもじっくり取り組めるタイプです。不器用な面もあるかもしれませんが、どこを伸ばせばいいのか、的確に伝えてあげることが大切です。

言葉に対する感覚が鋭いので、字も丁寧ですし、行動全般が丁寧なので、間違いなく先生には好まれているはず。日ごろの努力を提出物や小テスト、授業態度などでアピールできるといいでしょう。

英語や国語にもっと伸びる要素があるならそっちを頑張るよう伝え（80～90点とれるように）、その子の内申点やテストの点数によって声かけを変える必要あります。

▼記憶系事務タイプのお子さんへのアドバイス

得意科目で80点以上を目指します。もし80点以上とれている場合は、「学年トップをめざそう！」と言ってもいいでしょう。

事務タイプ全般に言えることですが、常に不安になっていることが多いため、「頑張っているね、すごいね」「大丈夫だから」というほめ言葉や励ましはあまり通用しません。

「どこを伸ばしたらいいか」「どこを直したらいいか」「どんな勉強をしたらいいのか」を具体的に伝えてあげると、安心して努力し続けることができます。

月曜日から金曜日まで机に向かう習慣ができていない子には、この習慣をつけてあげるだけでも、比較的早く内申に反映されることがあります。

▼直感系事務タイプのお子さんへのアドバイス

ひらめきがあってコツコツ努力できるのは強みです。数学の計算系が得意なら、そこを存分に伸ばして、得意科目だといえるところまでもっていきましょう。

「不安だけど自分にはこれがあるから大丈夫」というものをつくってあげると、受験までの長い戦いを乗り切ることができるのです。

努力をさせたいなら自信をつけさせてあげることです。自信もないのに、ただ苦手なものを頑張れというのは、言い方はきついかもしれませんが、拷問に近いものがあります。

時間はかかるかもしれませんが、コツコツやりきる力がついてくれば、国語や英語などの言語系、理科や社会の記憶系も積み重ねでできるようになってきます。

未確認タイプ（勉強時間0分型）

まずは、毎日机に向かう習慣から。習慣を変えれば、大きく変わる！

机に向かう習慣自体がなく、勉強が嫌いで苦手。「どうせ自分は」とあきらめてしまっていることもあります。

なかには「いざというときに本気を出せば大丈夫」「そのときになったら頑張る」と、根拠のない自信をもっている場合も。でも、林修先生のパクリのようですが、「やるなら今でしょ！」。

日々の積み重ねをし、弱い自分も認め、正しい自信を持ち、努力が人を感動させることを理解させることで、大きく変わる可能性を秘めています。もともとの内申点の数字によっても変わってきますが、毎日机に向かえるようになっても、内申点アップとして数字に表れてくるのは、時間がかかることもあります。

あきらめないで継続することが大切です。

▼未確認タイプのお子さんへのアドバイス

未確認タイプは、勉強する習慣そのものがない、あるいはムラがあることがほとんどです。まずは、自律ノートで毎日机に向かう習慣を、生活の流れの中に組み込むところから始めましょう。

夕飯の前や入浴の前など、勉強のタイミングを決めて、しばらくは親御さんの目の届く範囲で勉強をさせてください。親御さんが曜日によって在宅している時間が違う場合は、曜日でやることを変えてもかまいません。

たとえば「お母さんは月曜日は帰宅が早いから夕飯前からスタート。火曜日は遅くなるから、簡単な漢字ノートだけやって、あとで見せてくれる?」。

親が管轄できる時間とできない時間があるので、管轄できないのであれば、「何をやっておくか」「どう確認するか」を月曜日から金曜日まで決めましょう。

できなかったときは叱らずに、やりやすいようにルールを適宜変えてOK。ちなみに私は、土日は休ませてあげてもいいと思っています。

最初は短時間でも大丈夫。少しずつ時間を延ばしていきましょう。目を離した隙にサボっていたとしても、感情的にならずに、淡々とやることを伝えるのがコツです。

よく「時間がない」とおっしゃる方がいますが、時間って、意外とあるんですよ。たとえば夕飯を食べるまでの時間、夕飯を食べて洗い物をしはじめる時間、後片づけをしている時間、つくろうと思えば1時間くらいは簡単につくれます。

もちろん、口で言うほど簡単ではないことは、私もわかります。指示命令するのではなく、あくまでもお子さんと相談しながら「どうしたら、よくなると思う？」とお子さんの意見を聞いて、親子で納得する方法を見つけましょう。

理想は、毎日宿題をやり、提出物である課題をやり、予習・復習もやる。提出物は2周目、3周目になるくらいまでやります。そのうえで定期テストに臨みます。それでどの教科がどのくらいの点数がとれるか、その点数によってどの科目が強いかがわかってきますので、ここで初めてどのタイプかを見出します。

親と子のタイプが違う場合は要注意！

▼「自分とはタイプが違う」と自覚して、焦らず待とう

「営業タイプ」「事務タイプ」は性格をタイプに分けたものですが、親子でタイプが違う場合は注意が必要です。

とくに気をつけてほしいのが、子どもが事務タイプ×親が営業タイプの場合です。子どもがゆっくりコツコツと進めていく事務タイプであるのに対して、親が要領のいい営業タイプだった場合、親がイライラしてしまうことが多いかもしれません。事務タイプは結果が数字として出るのに時間がかかるため、営業タイプの親は待つことができないのです。塾でも、親子でこの組み合わせだった場合、お子さんの内申点が上がるのを待てずにあきらめてしまうことがあります。

親御さんは「この子は私とはタイプが違うのだ」と自覚して、焦らずに長い目で見てあげるようにしてください。

内申点が上がると、テストの成績もこうして上がる

▼成績アップの5ステップ

成績は、一朝一夕《いっちょういっせき》には上がりません。

よく「勉強のやる気が続かなくて困っています」という相談を受けますが、勉強が続かないのは、意志が弱いせいではなく、習慣化できていないだけ。

「強い意志があればできる」というのはきれいごとで、強い意志がないから勉強が続かなかったのですから、最初は意志が弱くて当たり前。大事なことなのでしつこく言いますが、「意志の力に頼ったら、勉強はできません」。

意志は、継続していくうちに育っていくものです。

たとえは悪いかもしれませんが、大人が禁酒を決意したとき、最初から「飲まないぞ」と決めてスパッとやめられる人はそう多くはいないはずです。もしそれができる

なら、そもそもお酒を飲んでいないはずですよね。
「まず1週間、我慢してみる」。これがクリアできて初めて「明日も飲まないぞ」と思えるのではないでしょうか。続けてきたからこそ、自分に対して引っ込みがつかなくなるのです。つまり、意志の力が必要になるのは最後、ということです。やがてそれは「習慣」になっていきます。まさに「継続は力なり」ですね。

私は成績アップを5つのステップでイメージしています。

ステップ1 まず月曜日から金曜日まで、机に向かう習慣をつけること。
ステップ2 提出物など課題を終了させる時期を早め、それ以外の勉強時間を増やすことにつなげる。
ステップ3 1番目の得意科目をつくる（定期テストで80点以上とれることが目安）。
ステップ4 2番目の得意科目をつくる（定期テストで1番目を90点以上、2番目を80点以上とれることが目安）。

ステップ5 得意科目の勉強法を苦手科目に応用する（苦手科目で平均点以上とれることが目安）。

さらに大きく分けると、ステップ1～3は「内申点アップ期」、ステップ4～5は「総合力アップ期」になります。

「内申点アップ期」は、主に勉強の習慣や、勉強に対するマインドのレベルを上げていく時期です。ここをしっかりやれば、内申点はアップしますが、テストの点数につながるのはもう少し先。ここをどう乗り越えるかがキモになります。何事もやり始めが大変！　嫌いなことならなおさらです。

「総合力アップ期」は、今までの勉強の習慣やマインドのレベルアップが徐々に数字につながりやすくなり、学校の先生の評価も上がってくる時期。ここまでくれば、自ら机に向かえるようになります。

コツをつかみ、それまでの「勉強やらされ感」から自主的に勉強するようになったあと、成績がアップする加速度が増します。

偏差値20アップの逆転合格例

Ｅ君は中３の５月に入塾しました。勉強が嫌いで、今まで机に向かわなかったＥ君でしたが、毎日塾に通ってくれ、とても努力をしていました。しかしその年の12月の三者面談で、担任の先生から「君が公立高校を受験するということは、記念受験だね」と言われてしまいました。

それを聞いた私は、Ｅ君以上に燃えました。

「先生が生徒に〝記念受験〟とは何事だ。絶対に見返してやろう」

たしかにＥ君の成績はよくありませんでしたが、国語と社会は鍛えればなんとかなると感じて、12月からはさらに国語と社会、とくに歴史を徹底的にやりました。

記念受験と言われたあとのＥ君の頑張りはすばらしく、テストの点数は大幅にアップ。国語と社会は満点近くとれるようになりました。つまり、「得意科目が２教科できた」のです。結果、公立高校の合格を勝ち取りました。

ちなみに入塾時の内申点は17。中３の最後の内申点は22でした。主要５教科のほとんどが2ということです。通常、22だと公立高校の普通科への進学は難しいものです。でも、追い込みの勉強で彼はやり抜きました。

E君には後日談があります。高校受験で「自分はほうっておくとなまけるタイプだ」と痛感したE君は、高校入学後も、定期テストごとに塾に来ていました。「ストレスはかかるけど、塾に来て勉強します」と自分から言ったのです。

高校3年になり、私立大学のAO入試を受験することになりました。そこで何を血迷ったか、「特待の試験も受けてきます」と言うのです。得意な国語と日本史だけの試験だったので、自信があったのかもしれません。私は「ダメ元だし、受けてきたら」と言ったのですが、なんと見事に特待合格! 大学の入学金、授業料は免除です。あとで聞くと、自己採点の結果、日本史は満点だったとのこと。「あのE君が……」。さすがに私も目を見張りました。

E君の偏差値は中学の入塾当時から比べると、間違いなく20は上がったでしょう。勉強の習慣が身につくと、これだけ〝やり抜く力〟が身につくのです。

内申点アップで身についた「やり抜く力」は、受験直前の追い込みに効く

▼どんな入試必勝カリキュラムもやりきるベースがなければ意味がない

実は普段の学校の定期テストで点はとれなくても、入試当日に確実に点をとるやり方というものはあります。定期テストよりも、入試のほうが傾向と対策というものが明確だからです（もちろん、各都道府県によって違いますし、私立の場合は学校によって違います）。ですから定期テスト対策よりも、入試対策の勉強のほうが明らかに簡単でやりやすく、入試に対してはそれほど恐れる必要はありません。

それよりも、受験勉強をやりきるだけの力を中3の2学期、あるいは3学期の内申点が出るまで持ち続ける、力を少しずつつけていくということのほうが、ずっと大事です。それができれば、勉強は苦手でも、傾向と対策でやりきることができますし、

これだけは落とせないという問題を確実にとっていく努力ができるようになります。入試は全問正解する必要はありません。確実にとる問題と、捨ててもいい問題があります。とれる問題を確実にとることで入試に勝つことができます。

ぶっちゃけて言うと、入試に必要な知識をつけるだけなら、74日間あればできます。その74日間のためだけに、壮絶な何年間を積み重ねているようなものなのです。それがこれまで話してきた、内申点アップのための勉強であり、習慣です。日々の習慣は、本番の入試をやりきるためのベースになっていたのです。ところが、多くのお子さんは、その74日間がくる前にあきらめてしまいます。

つまり、いくら入試のためのすぐれた必勝カリキュラムを用意しても、ベースとなるやりきる力、非認知能力がないと難しいのです。

入試の勉強に向かうその日までに、いかに内申をキープして、有利な状態をつくっておくか。そして集中力、忍耐力、持久力、くらいつく力、素直さなど、非認知能力を高めておくことが重要なのです。

こんな子はどうする？親の上手なかかわり方

▼「できない」を「できる」に変えるコツ

机に向かう習慣はあるが身になっていない子

せっかく机に向かっているにもかかわらず、その中身が非効率で、勉強に生かされていない子がいます。これは非常にもったいないこと。

具体例をズバリお伝えしましょう。

社会や理科の課題やワークをやるお子さんを思い浮かべてください。教科書を一生懸命に読んで問題を解こうとしていませんか？

教科書を読んで答えを探すのは、「非効率な勉強あるある」です。

私が言うのもなんですが、社会や理科の教科書って、本当に面白くないのです。面白くない教科書から、わけもわからず答えを探すなどという作業は、子どもにとっては耐えがたく面白くないでしょうね。

答えを知りたければ、教科書から探したりしないで、初めから解答を見ればいいのです。大切なのは「覚える」ことなのに、「探す」ことに時間や能力を割いてしまい、結局頭に入らないまま、テストに臨んでいる。だからできないのです。

「わからなかったら、すぐに解答を見て覚えよう」と教えてあげてください。そうしていくと少しずつ伸びてきます。そのほかにも、子どもが非効率なことをやっていたら、親御さんが効率的な方法を教えてあげましょう。それを提案してあげることによって、学校での小テストもできるようになります。

すぐ「わからない」と言ってひとりで勉強できない子

数学でよくあるのが、すぐ「わからない」と言う子です。こういう子も、やはり解答を見ていないのです。わからないまま、ただ答えを写して○をつけていたり、空欄のままにしてしまったりする。これでは非常に損をします。

同じように、英語でわからなくなると、固まってしまう子もいます。

固まったままで答えが出るわけがありません。わからないものはわからないのですから、すぐ答えを見て覚えればいいのです。

いずれにしても、解答から読む力をつけておくことがとても大切です。解答を見ながら少しずつ理解していきましょう。

ここまで言ってもよくあるのが、「解答の解説文を読んでもわからない」という子です。解説文をいっぺんに理解しようとしていませんか。実は解答の解説文は少しずつ理解できていればＯＫ。**一気に解説文を読んで理解しようとするから「わからない」のです。**

お子さんひとりでやってもいいのですが、もし親御さんが協力できるなら、問題の解説文を「、」や「。」ごとに区切って音読してあげてください。そして、「ここまでは理解できる？　どこからわからない？」と確認してあげましょう。

「、」「。」ごとに区切って親が音読して読み進めるだけで、理解が進みます。

解説は、「全部読んで、すべて理解する」ではなく、「わかるところまで区切って少しずつ理解する」ということです。

そして次の問題にとりかかるとき、「今理解したことをもとにやってみて」と声をかけてあげてください。

勉強を「やらされている」感が強い子

親がうるさく言うから、仕方なく机に座っているようなタイプの子です。学校ではイヤイヤ勉強をしているわけではなく、「主体的に学習に取り組む態度」が悪いわけではないのに、成績は今ひとつというタイプもあてはまります。

要は、勉強習慣がついていないだけなのです。

勉強習慣をつけて、最終的に「やらされている」勉強から、子ども自身が必要を感じ、「自分のためにやっている」と思えるところに持っていく必要があります。

今は「やらされている感」が強くても、私は、毎日の勉強習慣さえついていれば、どこかのタイミングで子どもは必ず変わると信じています。

やらされ感のある子とない子では明らかに成績が違います。

精神的に幼い子の場合、少し時間はかかりますが、遅くとも中学3年生の2学期までは、「勉強は自分のためにやるもの」と思えるようになるケースが多いです。

子ども自身が「自分のために勉強をしているのだ」と納得したときの成績の上がり方は、半端ではありません。

やらされている感が子ども側にあるのも問題ですが、実は親御さん側にあるのがいちばん問題です。

どういうことかと言うと、「こんなつまらないことを学校からやらされている」と親御さん自身が思っている場合です。たとえば、「こんな役にも立たない課題を、時間を割いてやらされている」「そんな無駄なことをやっている暇があったら、もっと身になることをやってほしい」などなど。親御さんがこのような感覚でいると、子どもが変わるのはほぼ無理でしょう。被害者意識を持たず、腹をくってやることです。

内申点が伸びるタイプがやっている、ちょっとしたこと

先生は生徒のどこを見ているか

ここまで内申点アップのためにできることを紹介してきましたが、それ以外にも先生がグッとくるポイントがあります。

副教科の教室移動は一番乗りを狙う

副教科は教室の移動があります。このとき、一番に移動するように心がけてみましょう。これは、塾生が実際やって感じたことでもあります。

その子は中3の1学期まで音楽が「3」でしたが、とにかく2学期までに「5」にしたいということでした。私がとくにアドバイスをしたわけではなく、その子自身が

「移動するとき、一番になるようにしてみよう」と決めたのです。そして2学期の間中、ずっと一番に移動していました。その結果、「5」になったのです。

もちろん一番に移動したことだけでなく、定期テストも頑張り、音楽の授業に熱心に取り組んだ姿勢が先生に認められたのでしょう。

副教科はどうしてもセンスや技量、才能がかかわってきます。でも、それがないのなら、それ以外のところでなんとかしようと気づいたわけです。

自分の行動を変えるだけで、これだけ評価が上がるという例です。

▼廊下にいる先生ではなく職員室にいる先生に質問する

授業が終わったあと、廊下の先生を呼び止めて質問する。とてもすばらしいことですが、どうせ質問をするなら、職員室に行って質問をしましょう。廊下にいる先生に立ち話的に質問をするより、真剣度が伝わります。

これも塾生の例です。その子は硬式野球のチームに入っていました。とにかく練習が大変で、勉強をする時間がありません。テスト週間などおかまいなしに練習があるので、定期テストの勉強もできません。

そのため日々の小テストを頑張ってくれましたが、野球のスポーツ推薦のための内申点があと2点足りませんでした。

そこで職員室に質問に行ったのです。「どうすれば内申を上げられますか?」と全教科の先生に聞いて回りました。彼がやったのはこれだけで、その後の定期テストの点数が上がったわけではありませんでしたが、結果的に内申は上がり、無事、希望の高校に進学できました。

職員室で全教科の先生に質問している姿は、当然、ほかの先生の目にも映ります。「次は私のところに来るな」と思うでしょうし、温情も入ります。

温情をひいきと呼ぶならその通りです。事実、彼の行動は先生の心を打ったのです。内申に先生の主観が入ったということになりますが、そもそも、主観なしに評価をすることは不可能です。もちろん高校に入ればテストの点数だけで成績が決まってしまいますが、少なくとも公立の中学は違います。

評価するのも人間、されるのも人間なのです。

言葉づかいを直す

先生にタメ口を使う子がいます。小学生ならまだわかりますが、中学生にもなってタメ口は恥ずかしいこと。

先生に返事をするときは「はい」、話すときは「です、ます」で話すように改めるだけで印象がかなり違います。

反発があるのを承知でお話ししますが、親御さんが飲食店や小売店の店員さんなどにタメ口をきいている場合、そのお子さんが先生にタメ口をきくケースが多い印象を受けます。

子どもは、親が人とどのように接しているのかをとてもよく見ています。親が日ごろから外の人に対して丁寧な言葉づかいを心がけていると、子どももちゃんとした言葉を使えるようになります。

第4章

この「内申点戦略」で将来伸びる人になる！

――一生使える良い習慣とマインドを身につける

正解のない時代、マニュアル人間は生き残れない

▼「高校受験のため」で終わらせないために

「内申点なんて、高校受験のためだけのもの」

「先生に媚びてまで内申点アップをさせる必要はない」

ここまで読んでいただき、そう思っている親御さんもまだいらっしゃるかもしれません。でも、私はそう思いません。

内申点対策は、高校受験を乗り切るための一過性のものではなく、将来、自己管理能力が身につくなど、社会人になっても役立つものであると信じています。

まず、内申点を上げるときに私が塾で課題にしているのは、「質問ができる子になってもらう」ということです。中学生の場合、自分がわからないことを解決するときに、教科書や解答例を読んだだけで解決できることは限られています。どうしても「人に聞いて理解する」ということをしないと、理解できなくなるのです。

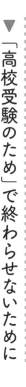

それは、社会人になっても同じこと。

たとえば会社に入っても、マニュアルを読んで解決できることのほうが少ないですよね。そもそも社会に出てぶつかるのは、マニュアルなどない、正解のない問題ばかりです。

その場その場で臨機応変に自由度を持って行動するためには、普段から経験値のある人に聞く習慣をつける必要があります。

わからないことがあったら質問をする。これができると、とても楽になります。

なんといっても自分で悩まなくてすみますからね。人に頼ることは悪いことではありませんし、勉強において人に頼ることを学べるなら、それがいちばんではないでしょうか。

会社の人事考課と内申の評価はほぼイコール

▼勉強が苦手な子が大手企業にトップ入社できた理由

わからないことがあったら積極的に人に聞かなければ摩擦を生んでしまうのは、私が実証済みです。

勉強を使って人に頼るなどと書いておきながら、以前の私は、人に頼ることはカッコ悪い、恥ずかしい、人には聞きたくないと思っていた人間でした。

先にも少しお話ししましたが、私は会社員時代、営業職に就いており、「売れれば文句ないでしょ」という考え方でした。人にお伺いを立てることはしない、聞かれないと答えない、会社にいるのに独自の判断で動く、という協調性のない人間だったのです。当然、摩擦を生みますし、にらまれますよね。その結果、営業で結果を出していたにもかかわらず、ボーナスは1万円（！）、基本給は10％カットに。

こんな私でも、ごくまれに同僚や上司に相談をしてみたくなったこともありましたが、まったく聞いてもらえませんでした。自業自得です。最終的にその会社を出て行かざるを得なくなりました。

子どもでも同じです。「テストで結果を出せばいいんでしょ」という態度で、授業態度が悪い、質問もしない、協力もしない、聞かれないと答えない。そんなお子さんの将来はどうなるでしょう（私がそうでしたが……）。

「そんなの大人になれば直るから大丈夫」と言う人がいます。でも、断言できます。よほどの覚悟をもって意識しないと無理です。私は35歳までできなかったのですから。

新卒トップで入社した卒業生

そんな当時の私とは対照的な塾生がいました。

まだ塾ができて間もないころ入塾してきたF君です。私がF君に教えたことは、「できないことがあってもいいから、腐るな、めげるな」「とにかく努力し続けろ」ということでした。そうすれば、必ず見てくれている人はいるから、と。

努力し続ける姿勢は、人の心を打つものです。めげている暇があったら顔を洗って出直してこい、と当時の私はかなり熱くなっていました。

そんな私の気持ちを感じ取ってくれたのか、高校に入っても無遅刻無欠席を続けてくれました。正直なところ、F君はもともと勉強は苦手で、あまり成績はよくなかったのですが、とにかくずっと努力を続けてくれました。

高校を出て就職することになったのですが、その就職試験の勉強を、F君はほかの子よりもずっと長い時間やり続けていました。家に帰っても勉強を続けてくれたようでした。それは、努力し続ける習慣がついていたからです。

結果、地元で有名な大手の優良企業に入社が決まりました。人事の方が、高校の調査書を見て、欠席がないことを高く評価してくれました。ほかにも新卒で成績がいい子がいたようなのですが、F君の努力を認めてくれ、エリート部署に新卒トップで入社したそうです。就職が決まって挨拶に来てくれたときは、うれしかったですね。

「塾のテスト対策で朝10時から夕方6時まで勉強した経験のおかげで、ふんばりがききました」と言ってくれて、泣きそうになりました。

内申対策＝人間教育と心得る

人間力の土台となる「土の5領域」とは

〝内申点アップ請負人〟として、内申点をアップさせることに注力している私ですが、もちろん内申点さえアップすればいいと思っているわけではありません。内申点を上げるという仕事は、単なる上っ面のテクニックだけを伝えるような無機質な仕事とは、本質的に異なります。

日本の社会のなかで、勉強や仕事の成果を上げるのが、私が**「土の5領域」**と名づけた5つの基準です。

その5つとは、**「素直」「礼儀」「生活」「記憶」「判断」**。

それぞれ簡単に説明しましょう。

素直

自分よりも経験が上の人が言うことは、とにかくいったんはやってみるということです。

人の言うことを100%聞け、絶対服従しろ、ということではありません。まずは受け止める。文句を言わず、納得できないと思っていてもいいからやってみるのです。それでも納得できなければ、そこで初めて工夫したり、改善したりすればいいのです。

礼儀

挨拶や態度などの形式的なことではなくて、ひとことで言えば「気遣い」です。

自分がしてほしくないことは他人にもしないこと。周りの人に優しく接する、困っている人を助けるということが礼儀だと思っています。いくら挨拶ができても心がこもっていなければ挨拶ではありません。

生活

わかりやすく言えば、時間管理や整理整頓です。

時間を守ること、環境を整えること、そして段取りを整えること。

つきつめれば、勉強という作業をどうやって効率よく回していくかということにたどり着きます。

記憶

ここは勉強に直結しているところです。大事なことをいかに効率よく覚えていくのか。単なる暗記だけでなく、先生の話をきちんと聞く力、言われたことを覚えている力も含まれます。

判断

ひらめき力や空気を読む力などが含まれます。いかに適切な場面で適切な判断ができるかが重要です。

少し難しい話になりますが、江戸時代から続く「朱子学」や「陽明学」、あるいは「武士道」のような古典文学から続いてきた考え方を、学校の先生は重んじています。

新一万円札に選定され、NHKの大河ドラマのモデルにもなっている渋沢栄一先生が今注目されていることも、このことを示しています。渋沢先生が記された『論語と算盤《そろばん》』のなかでも、「習慣」の大切さを説いています。

「悪い習慣を多く持つと悪人となり、よい習慣を多く身につけると善人になるというように、習慣は最終的にその人の人格にも関係してくる」

「誰しも普段からよい習慣を身につけるように心がけるのは、人として社会で生きて

いくために大切」
「習慣というものは、とくに少年時代が大切であろうと思う」

まさに私が目指しているのも、ここなのです。勉強ができるようになり、成績が上がるという結果も大切ですが、その前に人間教育が必要なのです。勉強を下支えしているのは、人間力です。

人間教育を、植物を育てることにたとえるなら、どれだけ幹が太く、枝葉が茂っているように見えても、根を張りめぐらせるための「土」が大切だということです。どれだけ点数がよくても、言葉を飾っても、最後は「人間性」がものをいう、というのが日本の文化であり、学校の先生の考え方です。

家で勉強しているだけでは、「土の5領域」は育まれません。内申点も人対人のなかで生まれるものであり、自分だけの努力でどうにかなるものではないのです。

ある意味、面倒な考え方ですし、根性論や精神論として嫌う方もいることはわかりますが、学校の先生の考え方を今すぐ変えられない以上、傾向と対策を立てて行動することが必要なのも、また事実です。

“内申点アップ請負人”が内申点アップを通じて伝えたいこと

▼テストの点数で人から評価を受ける「結果至上主義」への疑問

子どもたちはテストの点数で人から評価を受ける「結果至上主義」のなかにいます。テストの点数だけでは評価できないその子のよさがあるはずなのに、学校でも塾でも「点数」で評価されてしまうんですね。

だからこそ、本書を実践した結果、内申点がアップしても、「点数がアップしてよかったね」で終わらせないでください。

点数という「結果」よりフォーカスしてほしいのは、点数を上げるために、その子がどうやって努力をしたのかという「過程」の部分なのです。

定期テストの点数だけを見て嘆いたり、内申点を見てため息をついたり……。

気持ちはわかりますが、お子さんが生まれたときのことを思い出してみてください。そのとき、「もっといい点数とってきて!」と思いましたか? 「生まれてきてくれて、ありがとう」ではなかったですか?

将来のために、勉強は必要ですし、やらなければならないことではありますが、「勉強しなさい!」などと怒っても、勉強したくはなりません。

繰り返しになりますが、「なんで点数が上がらないのか」と子どもを責めるのではなく、「どうすれば目標の点数になると思う?」と一緒に考えてあげませんか。

逆説的ですが、私は内申点という点数を通して、実は〝点数ありき〟になっている姿勢を正そうと思っています。

本当に大切なのは、今ここに自分がいること、子どもが自分のもとに来てくれたことへの感謝であるはずです。

目先の点数に一喜一憂するのではなく、親子がお互いを尊重しあい、「一緒に一生懸命やってみよう」という意識へスライドできたら、結果として点数は上がっていきます。

目の前の英語や数学の点数が大事なのではなく、強くしなやかにたくましく生きていくことのほうがずっと大事です。そのために勉強というツールを使っているだけ。そのツールにどうか振り回されないでください。

「内申点アップ」の本質はここにあります。そう思える親御さんや先生が増えてほしいと、心から願っています。

特別付録

2000人を合格に導いた内申点アップの最強ツール！「自律ノート®」

▼はじめる前に

テストの提出課題や、日々の宿題を片づけたい人がスムーズに計画を立て、高校に合格するために私が開発したのが、「自律ノート®」です。

そこには成績を上げて大逆転するための基本が、すべて入っていると自負しています。それぞれの項目にはきちんと意味があります。

ただ、ご家庭で書き込む場合は、塾のような強制力が働きにくいため、最初は難しいかもしれません。

「これを書くと内申点が上がって、成績もよくなるらしいよ」と言ってお子さんに渡しても、子どもがやる気にならなければ続きませんし、効果もありません。

まずノートの説明をする前に、そもそも内申点が自分の未来にどう関係を及ぼすのか、子どもが納得する必要があります。自律ノートは親が書かせるものではなく、「自分から納得して書く」よう親子でよく話し合い、約束してから始めましょう。

ここで必要になるのが第4章の「土の5領域」（p.173）でお話しした「素直」さです。「やってみるといいよ」と言われたことは、疑いの心を持たずに、文句を言わずにとにかく一度やってみる。

「内申点の先生が、これを続けると内申点が上がるって言ってたよ」

と伝えてみてください。

手や口を出したくなるのは我慢。そばで寄り添って見守る

大切なのは、無理やりやらせないことです。基本的に親は見ているだけ。手を動かすのは子どもです。

親はつい手を出したくなりますが、そこはぐっと我慢。あくまでも**親はそばにいて、「一緒にチェックする」というスタンス**です。

ただ、自律ノートが習慣化するまでは、基本的にずっと一緒にいてあげてください。もちろん、ずっと張り付いている必要はありません。子どもがノートに記入していることがわかる場所で、見ていてあげれば十分です。

ただし、終わるまでは、その場を離れないこと。徹底的につきあう、と腹をくくってください。

「ちゃんとやっておいて！」と口だけ言って、その場を離れてしまう親御さんが多いのですが、親が離れれば子どもはサボります。

子どもがやらないのは、親が見ていないからです。親が見ていないのに、「なんでやらないの！」と怒るのはおかしいのです。


提出物をイヤイヤやっていた子どもでも、自律ノートをつけていると直りますし、**時間管理もうまくなります。提出物を忘れるような子でも、自律ノートがあるとイヤでもやらざるを得ないので、忘れなくなります。**

「書くのはハードルが高い」なら、最初は「口頭」でもOK

毎日書くのはたしかに大変ですし、面倒くさいかもしれません。その場合はひとまず、ノートに記入しなくてもOKです。型にこだわる必要はありません。お子さんと口頭でやりとりするだけでもいいでしょう。

大切なのは「情報」のやりとりだからです。ノートに書くことを毎日言わせるだけで情報の確認になりますし、そういう会話をすること自体、**とてもいい親子のコミュニケーションになります**。

「うちの子、意外とわかってるな」

「ちゃんと成長しているんだな」

親御さんがこんなふうに気づくきっかけになるといいですね。

▼自律ノートの必須7項目

塾では、全項目を記入しますが、家庭で最初から全項目を書かせるのは無理かもしれません。これだけは記入してほしいという項目を挙げておきます。

❶日付
❷今日の勉強終了時刻
❸明日の勉強開始時刻
❹本日の勉強のテーマ
❼今日のホームルーム（朝の会・終わりの会）で先生がおっしゃったこと
❿本日のMUST《マスト》
⓫朝の行動・夕方の行動

この7つは、必ず書いていただきたいものです。

日付・今日の勉強終了時刻・明日の勉強開始時刻

この3つは、すべて**「時間の使い方」**に関する項目です。

「いつ、何をしたか」を記録しておくと、振り返ることができます。

昨日より今日の自分を成長させるため、必ず日付を記入しましょう。

勉強の終了時刻や開始時刻を書くことで、**「逆算して勉強する」ことや、机に向かう習慣、計画性を養います。**

時間はお子さん自身が決めていいですし、短い日があってもかまいません。

本日の勉強のテーマ

「何のために勉強するのか」です。目的意識をもってやるかどうかで結果が変わってきます。

今日のホームルーム（朝の会・終わりの会）で先生がおっしゃったこと

これが書けるかどうかが、いちばん重要といっても過言ではありません。ホームルーム（ＨＲ）の話が聞けるということは、授業をきちんと聞けているということ。

また、「小テストの日程」など内申にかかわる情報を聞き漏らさないようになり、学力アップにもつながります。

本日のＭＵＳＴ

「ＭＵＳＴ（マスト）」とはご存じのように、「しなければならない」という意味の英語です。

「今日やらなければならないこと」を明確にし、学校の時間割や小テスト情報をもとに、勉強を計画的に行えるようになります。

文字にして「見える化」することで実践しやすくなります。

朝の行動・夕方の行動

自律ノートの原点である「生活習慣」に関する10項目です。一日を振り返る癖をつけるためにも必要です。

ここを、お子さん自身でチェックし実行できれば、親御さんが口うるさく注意する必要がなくなり、親子関係が良好になるというメリットもあります。

本日の親からのコメント・本日の土の5領域

この2点は、余裕があったら親御さんが書いてください。

いいフィードバックが、お子さんの前向きな行動につながります。

そのため、**コメントはダメ出しではなく、子どもをほめる練習だと思って、よかったことを書いてください。**

「土の5領域」は、10点満点で点数を記入します。

ただ、勉強の習慣をつけるだけでは成績は上がりません。

勉強の内容を吸収していくための「土（土台）」ができているかどうかを、毎日判定します。

数字を低くつけすぎるとやる気がダウンしてしまうので、「7」くらいを基準にして加点法でつけます。

ここでの点数は、あくまでも勉強中の態度についてです。

勉強が終わって、リラックスしていたり、ゲームをしていたりしていたとしても、減点しないでください。

「自律ノート」の書き方

★印は必須項目

★ ① 日付

「いつ、何をしたか?」を記録しておくと、振り返ることができます。昨日の自分より今日の自分を成長させるため、必ず日付を記入しましょう。

★ ② 今日の勉強終了時刻

「いつ、終わるか?」は、終了する見込みから逆算して勉強することにつながります。

★ ③ 明日の勉強開始時刻

「明日は何時からスタートするか?」をイメージすることで、計画性を育てていきます。

★ ④ 本日の勉強のテーマ

「何のために勉強するのか?」目的意識をもって勉強するかどうかで、成果は大きく違ってきます。

⑤ 今日の学校の時間割

今日の時間割を覚えていないようでは、今日習った授業内容は頭から抜けてしまっています。時間割と授業内容を把握するよう意識づけることで、成績が変わってきます。

⑥ 明日の学校の時間割

明日の時間割と習う予定の内容を予想できないというのは、前回習った内容を理解しておらず、関心・意欲がないといわざるを得ません。また、得意科目をつくるには予習は必須です。明日の時間割を意識することで、予習スタイルの勉強をするキッカケづくりをします。

★ ⑦ 今日のホームルーム(朝の会・帰りの会)で先生がおっしゃったこと

朝の会・帰りの会で先生がおっしゃっていることを覚えていない子が、授業中の話をきちんと聞いているはずがありません。先生の話に耳を傾けるよう意識づけることで、内申点を上げるための重要なヒントとなる情報を聞き漏らさなくなります。

⑧ 明日の学校での動き

「今日は学校で必ずこうやって行動する!」と意識することで、成績を上げやすくなっていきます。前日から明日のイメージをつくり上げておくことで、学校生活のメリハリをつけやすくなります。

⑨ 近日中のテスト(小テストも含む)

小テストの点数アップは、内申点アップの大きな要素です。小テストで高得点を取り続けるには、「いつ、どの範囲の小テストがあるのか?」という情報をキャッチする必要があります。

★ ⑩ 本日のMUST

「今日しなければならないこと」を自分で計画を立てられるようになることが、勉強の習慣をつける第一歩です。学校の時間割や小テスト情報をもとに、勉強の計画を進めていきます。苦手な科目は復習ペース、得意な科目は予習ペース、翌日に小テストがある場合は小テスト対策もあわせて計画に盛り込みましょう。

★ ⑪ 朝の行動・夕方の行動

この10項目を支障なく、だれにも声をかけられることなくお子さんだけで実行できれば自主自律が育ち、成績は自然に上がっていきます。

⑫ 本日の親からのコメント

日々の生活面で「できたこと」や「よかったこと」「成長したところ」を見つけてコメントします。具体的にほめることで、親子関係をよくするキッカケをつくります。

⑬ 本日の土の5領域

勉強の内容を吸収していくための「土(土台)」ができているかを、毎日判定します。

① 4 月 17 日(火)

② 今日の勉強終了時刻 9 時 50 分

③ 明日の勉強開始時刻 6 時 30 分

④ 本日の勉強のテーマ

英・数で予習をし、授業中に発言できるようにする。

⑤ 今日の学校の時間割

	1	2	3	4	5	6
科目	数	国	音	社	体	美
内容	多項式	春に	誰も眠ってはならぬ	ルネサンス	バレーボール	レタリング

⑥ 明日の学校の時間割

	1	2	3	4	5	6
科目	体	数	理	美		
内容	バレーボール	小テスト 多項式	?	Unit1-2		

⑦ 今日のホームルーム(朝の会・帰りの会)で先生がおっしゃったこと

新年度がスタートして2週間、みんな慣れましたか?
中間テストまであと1か月です。課題を進めていこう。
明日は先生たちの会議なので
4時間授業で給食なしです。

⑧ 明日の学校での動き

1 下手でも真剣に一番大きな声を出してバレーをやります。
2 数学の小テストで、ミスに注意して満点をとります。
3 体育・理科の移動教室で、クラス1番に移動します。

⑨ 近日中のテスト(小テストも含む)

英	数	国	理	社	
4/20(金) 範囲 Unit1-1	4/18(水) 範囲 多項式	4/19(木) 範囲 漢字スキル1	/( ) 範囲	/( ) 範囲	/( ) 範囲

⑩ 本日のMUST

	科目	やるもの	単元・内容・項目番号	時間(分)	このMUSTをやることで、どうなりたいか?	印
1	生	生活ノート		5	先生に自分の考え方や気持ちを知っていただく。	✓
2	社	基礎整理	2	15	解答を上手に使い、覚えながらやり、基礎知識を覚える。	✓
3	数	数友	多項式	30	小テスト満点をとれるようにし、発言できるよう計算の仕方を覚える。	✓
4	英	パーフェクトノート	Unit1-1,2	40	本文を写すだけでなく、自分で本文を和訳して発言できるようにする。	✓
5	数	教科書予習	多項式(P3~4)	10	次の授業の予習をして発言できるように準備する。	✓
6	英	教科書和訳	Unit1-1,2	10	次の授業の範囲を予習して、授業で理解を深める準備をする。	✓
7	国	教科書通読	春に	10	どんな話なのかを読んでおき、授業の準備をする。	✓
8						
9						

⑪ 朝の行動・夕方の行動

昨日寝た時間	1 時 30 分	登校時間	7 時 30 分
今日起きた時間	6 時 30 分	忘れ物がないか確認しましたか?	(はい) いいえ
ハミガキはしましたか?	(はい) いいえ	学校のプリントを渡しましたか?	(はい) いいえ
トイレは行きましたか?	(はい) いいえ	洗濯物や洗い物はお願いをしましたか?	(はい) いいえ
朝ごはんは食べましたか?	(はい) いいえ	明日の準備はしましたか?	はい (いいえ)

⑫ 本日の親からのコメント

集中して3時間も机に向かうことができたね。
この調子で明日も勉強しよう。

⑬ 本日の土の5領域

素直 9
生活 10
礼儀 10
判断 8
記憶 9

▼続ける、成功するコツ

改善させたいことは1つずつ

たくさん項目があるため、つい1つ1つに文句をつけたくなってしまうかもしれませんが、改善させたいことがあったとしても、あれこれ言わず、1つに絞りましょう。その1つが改善されて初めて、次の改善点を指摘するようにしてください。

毎日机に向かっているだけでも素晴らしいのです。あれもこれもと求めすぎないようにしましょう。

親子の「自律ノートタイム」をつくる

「時間がないからできない」は理由になりません。意外とスキマ時間はあるものです。夕飯を食べるまでの時間や、夕飯を食べて洗い物をし始める時間、後片づけをしている時間などなど。難しく考えず、臨機応変に自律ノートタイムをつくってください。

「親子でゆっくり過ごせる時間が増え、久しぶりに親子で花火をやりました」

「ほとんど口を聞かなかった子どもと、学校の話や今日あったことを話す時間ができて新鮮でした」

「今まで子どもにガミガミ怒ってばかりだったのですが、親子関係が改善。今度の夏休みは久しぶりに家族で旅行に行くことになりました」

などなど。

自律ノートを始めたことで、勉強の習慣がつくだけでなく、こんな思いがけないうれしい声を親御さんからたくさんいただいています。これは私も予想していなかったことでした。

自律ノートを書くことで、お子さんが自分で勉強を計画的に進められるようになったり、勉強以外にも生活のなかで時間の使い方がうまくなったり、忘れ物が減ったりします。

すると、親御さんが家庭で怒る回数が激減（笑）。指示・命令・確認をすることも減り、家庭が和やかな雰囲気になるのです。なんといっても、お子さんがやるべきことをきちんとやっているわけですから、ゲームをしていようが寝転んでいようが、腹が立たないわけです。

また、自律ノートを親御さんが見ることで、学校のことが垣間見えたり、学校の先生がどんなことを考えているのかが、わかったりします。学校との距離が近くなり、親近感がわくのです。そうなれば、もっと協力したくなりますよね。

「へえー、今こんなこと習っているんだ」

「小テストってこんなに頻繁にやるんだね」

など、今までの親子関係ではあり得なかった会話ができるのも、うれしい変化です。

これが内申点、ひいてはお子さんの成長に影響しないわけがありません。みなさんのご家庭でも、ぜひ試しにやってみてください。

月　　日（　　）

今日の勉強 終了時刻	時　　分

明日の勉強 開始時刻	時　　分

本日の勉強のテーマ

今日の学校の時間割						
	1	2	3	4	5	6
科目						
内容						

明日の学校の時間割						
	1	2	3	4	5	6
科目						
内容						

今日のホームルーム（朝の会・帰りの会）で先生がおっしゃったこと

明日の学校での動き	
1	
2	
3	

近日中のテスト（小テストも含む）											
英	／（　）	数	／（　）	国	／（　）	理	／（　）	社	／（　）		／（　）
	範囲		範囲		範囲		範囲		範囲		範囲

本日のMUST

	科目	やるもの	単元・内容・項目番号	時間（分）	このMUSTをやることで、どうなりたいか？	印
1						
2						
3						
4						
5						
6						
7						
8						
9						

朝の行動・夕方の行動			
昨日寝た時間	時　　分	登校時間	時　　分
今日起きた時間	時　　分	忘れ物がないか確認しましたか？	はい　いいえ
ハミガキはしましたか？	はい　いいえ	学校のプリントを渡しましたか？	はい　いいえ
トイレは行きましたか？	はい　いいえ	洗濯物や洗い物はお願いをしましたか？	はい　いいえ
朝ごはんは食べましたか？	はい　いいえ	明日の準備はしましたか？	はい　いいえ

本日の親からのコメント

本日の土の5領域

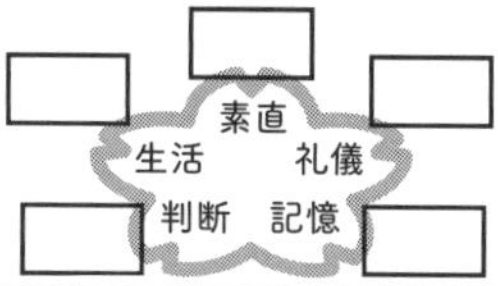

※このページを拡大コピーして使用してください。

おわりに

最後までお読みいただき、ありがとうございました。

本書でご紹介した私の内申点アップメソッドは、あくまでも〝最初の一歩〟でしかありません。

4や5の内申点は、どうしてもセンスや才能も絡んでしまいますが、3までは人間性で上げていくことができます。

私が後成塾を開校した一番のきっかけは、東日本大震災でした。

もしも私に何かあっても、自分の子どもたちには、強くたくましく生きていってほしい。

人様と協力しながら、笑顔で。

たとえつらいことがあったとしても、立ち止まってしまうのではなく、笑顔で奮い立ってほしい。

勉強というツールを使って、そういう子に育ってもらえたら……。

普段、家庭にいることの少ない父親という立場ですが、それでもできることはある。

私以外の人から学び、先輩や後輩、同級生の中で磨かれることで、私がいつかいなくなるときが来ても、必ずきちんと生きていけるようにしてやりたい。

そして、そういう子をたくさん育てていくことが、私の復興支援であり、そういう指導ができる人を輩出するメソッドを確立させる。

そんな塾をつくろう。

塾をつくり、指導をし、経営をする中で、きっとめちゃくちゃカッコ悪いことも、苦しんでいるところも、私の子どもたちには見せてしまうだろう。でも、それさえも生きた教材として伝えることで、何かを感じ取ってくれる子に育ってほしい。

それが、内申点アップメソッドの、一番の根幹です。

成績が上がるとか下がるとかではなく、自分より後の世を生きる子どもたちが、自分の周りにある物や人に対して、表面に見えていることの裏にある何かを感じながら、親抜きでもきちんと生きていってほしい。

大人になっても学ぶ必要はある。そのときに、きちんと学べる人になってほしい。そして、学びの中で新たな自分を発見し、新たな人間関係をつくり、夢に向かって進める人になってもらいたい。

苦しくて立ち止まることがあっても、必ずまた歩き出すことのできる人になってほしい。

大人として、親として、子どもたちに願うことを、「衣食住の心配がない極めて安心・

安全な守られた環境」の中で、実践し、何度でも失敗し、身につけてもらうことができるという意味で、勉強というのは最適解のひとつであるとさえ思います。

お子さんが生まれたとき、「こんな子に育ってほしい」とあなたが願ったのは、どんなことですか？

ぜひ、私にそれを教えてください。

内申点をアップし、勉強をして、入試に向かっていく過程の中で、お子さんが生まれたときにあなたが願ったことこそが、きっとお子さんの成績を上げていくための、もっとも大切な鍵であると、私は思います。

あなたのその純粋で熱い願い。ぜひ毎日の自律ノートで、少しずつ伝えてあげてください。

最後に、本書の刊行にあたって、とくにお世話になった方たちに、この場を借りてお礼を申し上げます。

出版の橋渡しをしていただいた合同会社DreamMakerの飯田伸一氏。出版前の初めての顔合わせで何度も涙を流しながら私の話を聞いてくれた青春出版社の野島純子副編集長と樋口由夏さん。

飯田伸一氏と私を引き合わせてくださったFunTre株式会社の谷田部敦社長と黒川光智氏。「自律ノート®」開発の着想をいただき、その後も私を支え続けてくださっている株式会社DEEPの中島聡氏。開校以来、私を励まし、支え続けてくれている「私の半身」とも言える後成塾の小島宏樹校長。

私がつらいときも、苦しいときも、そばに居続け、叱咤《しった》激励してくれた妻の淳子と、メソッドをもっとも体現してくれる長男・薫平、長女・芽以、次男・幹太。私のメソッドの根幹をつくってくれた母と、今は亡き父へ。本当にありがとう。これからもよろしく！

私の塾に通ってくださっている塾生・卒業生・保護者の皆さん。そして私と後成塾にかかわってくださったすべての皆様。これからも、熱く生き、全力で指導に当たります！

そして、本書を手にとっていただいたあなた。あなたと、あなたのお子さん、あなたのご家族の願いが、お互いに伝わり合いますように。

２０２１年５月吉日

桂野　智也

著者紹介

桂野智也
“内申点アップ請負人”後成塾 塾長。
1976年愛知県豊川市生まれ。大手個別指導塾勤務時代に、テストの点数を上げるための学習では結果が出ない子どもがいることに気づく。試行錯誤の末、「勉強習慣・生活習慣を変えることで成績を上げる」という従来の塾とは異なるアプローチで指導したところ、内申点アップ者が続出。愛知県豊川市に日本で唯一の内申点アップ専門の学習塾「後成塾」を立ち上げる。子どもの自主性・自律性を育て、自分から勉強する習慣が身につくツール「自律ノート®」を考案し、劇的な成果を上げている。
公式サイト https://www.kousei-juku.jp/

高校受験《こうこうじゅけん》は「内申点《ないしんてん》アップ」が9割《わり》

2021年 6 月20日　第 1 刷
2023年 8 月20日　第 5 刷

著　者　桂《かつら》 野《の》 智《とも》 也《や》

発行者　小 澤 源 太 郎

責任編集　株式会社 プライム涌光
電話　編集部　03(3203)2850

発行所　株式会社 青春出版社
東京都新宿区若松町12番 1 号 〒162-0056
振替番号　00190-7-98602
電話　営業部　03(3207)1916

印　刷　中央精版印刷　　製　本　フォーネット社

万一、落丁、乱丁がありました節は、お取りかえします。
ISBN978-4-413-23206-7 C0037

最新の遺伝子検査でわかった
アトピーが消えるたった1つの方法
かゆみ物質〈ヒスタミン〉は腸からコントロールできる
本間良子　本間龍介

美容皮膚科医が教える
大人のヘアケア再入門
吉木伸子

「後伸びする子」に育つ親の習慣
柳沢幸雄

認知症が進まない話し方があった
困った行動が減り、介護がラクになる！
吉田勝明

いつまでも消えない「痛み」の正体
「痛みの悪循環」を抜け出せばラクになる
牛田享宏

青春出版社の四六判シリーズ

アンダルシアの洞窟暮らし
「もたない」「ゆったり」「自由」が満たされる世界
太田尚樹

英語ぎらいもコレならわかる！
英文法の解剖図鑑
すずきひろし［著・イラスト］中井 翔［監修］

Moon Therapy
自分を最優先にする
肌と心の整え方
CHIKA

これからの集客はYouTubeが9割
一番わかりやすい！「ビジネス動画」の仕組みとノウハウ
大原昌人

5つの物語で知る買い手の心理
圧倒的サイト戦略
お客様が行動する瞬間をつくる
大浦早紀子